Nouveau
Cahier du jour
Cahier du soir

3e

14-15 ans

BREVET

Français

Auteurs

Florence Randanne
Françoise Bernollin-Muratet
Valérie Chabaudie
Sophie Dubus
Professeurs de Français au collège

MAGNARD

Présentation

Un cahier complet

- **Ce cahier de Français, destiné aux élèves de 3e, est conforme aux derniers programmes.**

Il reprend toutes les notions et couvre tous les domaines :
– Grammaire et conjugaison
– Vocabulaire
– Orthographe

- **La rubrique « Observer et retenir »** propose toutes les **règles** accompagnées d'**exemples**, avec des **astuces** pour tout comprendre.

- **La rubrique « S'entraîner »** propose des **exercices progressifs** pour réinvestir les acquisitions. Ils sont classés par niveau de difficulté (de ★ à ★★★).

- À la fin de chaque page, l'élève est invité à **s'auto-évaluer**.

- En fin d'ouvrage sont proposés deux sujets inédits de **Brevet blanc** pour s'entraîner à l'examen.

➜ ***Les corrigés détachables sont situés au centre du cahier.***

Un mémento visuel

Un mémento avec l'essentiel à retenir en Français 3e :
pour une mémorisation visuelle efficace !

➜ ***À détacher au centre du cahier et à conserver toute l'année.***

Achevé d'imprimer en Novembre 2020 par L.E.G.O. S.p.A., Lavis (TN) - ITALIE
Dépôt légal : Janvier 2019 – N° éditeur : MAGSI20200929

IMPRIM'VERT
Votre imprimeur agit pour l'environnement

POUR LE CAHIER :
Illustration de couverture : Lupe Granité
Conception graphique (couverture) : Yannick Le Bourg et Raphaël Hadid – **Mise en pages :** Linéale

Certifié PEFC
Ce livre est issu de forêts gérées durablement et de source contrôlées
PEFC
PEFC/18-31-280
www.pefc-france.org

POUR LE MÉMENTO VISUEL DÉTACHABLE :
Illustrations : Aurélie Verdon – **Mise en pages :** Linéale

Sommaire

GRAMMAIRE ET CONJUGAISON

VOCABULAIRE

ORTHOGRAPHE

BILAN

BREVETS BLANCS

ANNEXES

Mémento visuel détachable

Corrigés détachables au centre du cahier

1 Ne pas confondre nature et fonction

→ Corrigés p. I

Observer et retenir

■ La **nature** d'un mot est la **classe grammaticale** à laquelle il appartient : adverbe, préposition, nom (commun ou propre), article (partitif, défini ou indéfini), etc. Elle **ne change jamais**, quelle que soit la phrase dans laquelle est employé ce mot.

■ La **fonction** correspond au **rôle** du mot dans la phrase ; **elle varie** donc. Un mot n'a de fonction que par rapport aux autres éléments de la phrase.

- *La maison dont je t'ai parlé a été vendue.* → nature : **pronom relatif**
  → fonction : **COI** du verbe « ai parlé »
- *La maison dont les volets sont bleus est à vendre.* → nature : **pronom relatif**
  → fonction : **complément du GN** « les volets »
- *Paul arrive à l'instant.* → nature : **nom propre**
  → fonction : **sujet** du verbe « arrive »
- *J'ai vu Paul à la gare.* → nature : **nom propre**
  → fonction : **COD** du verbe « ai vu »
- *Je sais qui a mangé toutes les pistaches : c'est Paul !* → nature : **nom propre**
  → fonction : **attribut du sujet** « c' »

S'entraîner

1 ★ Associez chaque nature de mot qui vous est proposée au mot souligné correspondant.

1. Déterminant exclamatif	a. *Personne ne m'écoute.*
2. Conjonction de coordination	b. *Quel beau caillou !*
3. Pronom indéfini	c. *J'ai invité quelques amis.*
4. Adverbe de quantité	d. *Tais-toi ou va-t'en !*
5. Déterminant indéfini	e. *C'est un exercice ennuyeux !*
6. Conjonction de subordination	f. *J'ai mangé trop de couscous…*
7. Adjectif qualificatif	g. *J'espère qu'elle sera là.*

2 ★★ Donnez la fonction des groupes de mots introduits par pour : complément circonstanciel de but, de lieu ou de cause, attribut du sujet ou du COD.

1. Limoges est réputée pour sa porcelaine. → …
2. Il est parti pour New York. → …
3. Pour maigrir, tu ne devrais pas mettre de crème sur tes fraises ! → …
4. Eliott a proposé de venir plus tôt pour nous aider à tout préparer. → …
5. Me prendrais-tu pour un imbécile ? → …
6. Sache que je passe pour intelligent ! → …

3 ★★ Relevez tous les COD et indiquez leur nature.

1. Hier, à la patinoire, j'ai rencontré Emma.
2. Quand je suis au bord de la mer, je regarde les mouettes plonger dans l'eau.
3. Je me demande qui viendra samedi.
4. Je sais bien que tu me racontes des histoires !
5. Nous vous invitons pour le week-end dans notre maison de campagne.

…

4 ★★ Complétez le tableau suivant en indiquant la nature et la fonction des mots soulignés.

	Nature	Fonction
Hier, j'étais à la piscine.	~~adj~~ adverbe	CC temps
Tous les matins, je sors mon chien.	GN	CC temps
Fais la vaisselle avant de sortir.		CC temps
Je te vois !	Pronom personnel	COD
J'ai acheté un scooter.	GN	COD
Je déteste courir !	Verbe à l'infinitif	COD
Qui est là ?	P interrogatif	Sujet
Que veux-tu ?	P interrogatif	COD
À qui parles-tu ainsi ?	P interrogatif	COI

5 ★★★ Lisez le texte suivant.

Avant de reprendre sa route, il parcourut des yeux, une dernière fois, la campagne ensommeillée. Sous l'ample ruissellement de la clarté lunaire les terres reposaient avec leurs étangs et leurs bois. On ne sentait glisser nul souffle ; un silence extraordinaire, léger, serein, flottait par toute l'étendue : pas un cri de nocturne en chasse, pas un appel de courlis ; Raboliot n'entendit, comme il descendait la pente, qu'un petit choc net sur le sol : un lapin qui tapait de la patte, ayant sans doute éventé sa présence. [...]

Dans les prés gorgés d'eau, les mottes de glaise tremblaient avec un petit bruit spongieux ; au bord d'une fontaine qui luisait à travers des touffes d'herbes, il arracha une poignée de cresson, l'écrasa sous ses dents, tiges et feuilles, heureux de cette acidité brûlante qui giclait dans sa bouche et lui râpait la langue.

Maurice GENEVOIX, *Raboliot*.

1. Relevez les noms ou les GN qui sont COD (vous préciserez le verbe qu'ils complètent).

Sa route, reprendre – la campagne ensommeillée, parcourut – la pente, descendait – sa présence, éventé – la langue, râpait

2. Relevez les compléments circonstanciels de lieu.

....

6 ★★★ Donnez la fonction des groupes de mots introduits par de et par.

1. On l'a trouvé par hasard. → CC manière
2. Les enfants sont sceptiques : le père Noël est entré par la fenêtre. → CC lieu
3. Les adolescents sont attirés par les jeux vidéo.
→ ....
4. Clémentine est tombée par étourderie.
→ manière
5. Je vous présente la meilleure amie de mon frère.
→ nom
6. Cette chanson est en tête des hit-parades, visiblement elle est appréciée de tous. → ....
7. Va chercher des noix, l'écureuil est enfin descendu de son arbre ! → ~~temps~~ lieu
8. De bon matin, nous sommes partis ramasser des escargots. → temps

7 ★★★ Lisez l'extrait suivant, puis relevez tous les adjectifs et précisez leur fonction.

Un soir, l'idée saugrenue nous vint, à ma cousine et à moi, de passer la nuit dans le sous-bois du parc. Éprises d'une liberté soudaine, nous montâmes à la hâte une tente approximative au pied d'un gros chêne. [...] Un grand vent se leva tout à coup [...] dans un grondement sourd et continu qui rendait nos paroles parfaitement inaudibles.

Marie BILLET, *Cruelle Douceur*, 2002.

....
....
....
....

Auto évaluation — Très bien ☐ Bien ☐ Pas assez bien ☐

2 La fonction attribut

→ Corrigés p. I

Observer et retenir

■ L'**attribut du sujet** donne une **information sur le sujet** (identité, qualité). Il est mis en relation avec celui-ci par un **verbe d'état** (être, sembler, devenir, paraître, passer pour, rester...).

■ L'attribut du sujet peut être un adjectif, un participe passé, un nom ou un groupe nominal, un pronom, un verbe à l'infinitif (*Souffler n'est pas jouer*), ou encore une proposition subordonnée (*L'essentiel est que tu viennes*).

• Lorsqu'il s'agit d'un adjectif, d'un participe passé ou de la plupart des pronoms, l'attribut du sujet **s'accorde** avec le sujet.

Exemple *Agathe et Leïla sont devenues très belles !*

■ L'**attribut du COD** est mis en relation avec le COD par l'intermédiaire d'un **verbe transitif**. Il apporte une **information sur le COD**.

■ L'attribut du COD est le plus souvent un adjectif, un participe passé, un nom ou un groupe nominal.

Exemple *Tout le monde considère Agathe et Leïla comme les meilleures élèves de leur classe.*

Remarque
Si l'on transforme la phrase à la forme passive, le COD devient attribut du sujet dans la nouvelle phrase. *Agathe et Leïla sont considérées comme les meilleures élèves de leur classe.*

S'entraîner

1 ★ Dans quelles phrases repérez-vous des attributs du sujet ? Soulignez-les.

1. Depuis longtemps déjà, elle se montrait nerveuse et son comportement nous laissait pantois. – **2.** Je préfère la viande très cuite. – **3.** La vie n'est pas un long fleuve tranquille ! – **4.** Êtes-vous là ? – **5.** Êtes-vous rassurés ? – **6.** Il devient acariâtre en vieillissant ! – **7.** Je vais préparer des escargots ; reste-t-il du persil ? **8.** Nous serons à Antibes tout l'hiver. – **9.** Vous êtes les bienvenus chez nous. – **10.** Pourquoi Sacha a-t-il l'air fâché ? – **11.** Le principal est que tu participes.

2 ★★ Soulignez les COD et encadrez les attributs du COD.

1. Le principal a déclaré l'inscription au cross du collège obligatoire. – **2.** Je tiens cette fille pour une menteuse. – **3.** Je trouve ton idée stupide ! – **4.** Fatou considère les échecs comme un jeu passionnant. – **5.** Jeanne est tellement myope qu'elle a pris ce lapin pour un écureuil ! – **6.** Tu le prends vraiment pour un imbécile ! – **7.** On considère ce coureur comme le favori du Tour de France. – **8.** Depuis qu'il est arrivé, nous voyons Pierre plus énervé de jour en jour... – **9.** Alia considère Aude comme sa sœur. – **10.** Les élèves de la troisième A ont élu Thomas délégué. – **11.** Tout ce qu'ils m'ont dit me laisse indifférente...

3 ★★★ Dans ces phrases, soulignez l'attribut du COD. Mettez ensuite chaque phrase à la forme passive, de façon à ce que cet attribut du COD devienne attribut du sujet dans la nouvelle phrase.

1. Tous prennent Natacha pour une espionne russe.
2. On me considère comme quelqu'un de pondéré.
3. Les enquêteurs l'ont laissée pour morte.
4. Ce médicament l'a rendu encore plus malade !
5. Sa famille le croit fou.

4 ★★★ Lisez la phrase suivante.

Le professeur dit à Léa : « Je vous trouve bien agitée en ce moment ! »

1. Quelle est la fonction de l'adjectif « agitée » ?

....

2. Récrivez cette phrase en commençant ainsi : « Le professeur dit à Léa et à Pauline... »

....

....

Auto évaluation Très bien ☐ Bien ☐ Pas assez bien ☐

3 Les types de phrases

→ Corrigés p. I

Observer et retenir

Selon la nature des messages que l'on veut communiquer, on utilise des types de phrases différents :

Les types de phrases/Ponctuation	La nature du message direct	Exemples
Les phrases déclaratives (.)	Donner une information	*Mes parents m'ont offert un ordinateur.*
Les phrases impératives (! ou .)	Donner un ordre, un conseil, interdire	*N'appuie jamais sur cette touche !*
Les phrases exclamatives (!)	Exprimer un sentiment, une émotion	*Quel vieil engin !*
Les phrases interrogatives (?) – **partielles** : l'interrogation ne porte que sur une partie de la phrase. – **totales** : l'interrogation porte sur toute la phrase. La réponse attendue est « oui » ou « non ».	Poser une question	*Où as-tu caché la souris ?* *Sais-tu te servir du tableur ?*

Attention
Un même type de phrase peut délivrer des messages de nature différente.
Peux-tu dire où tu étais hier soir ? → Phrase de type interrogatif, **message** plutôt **impératif**.
Je ne sais plus si tu aimes la morue. → Phrase de type déclaratif, **message interrogatif**.
On parle alors de **message indirect**.

S'entraîner

1 ★ Transformez les phrases déclaratives suivantes :
→ 1. en phrases exclamatives ;
→ 2. en phrases interrogatives (vous préciserez si l'interrogation est partielle ou totale).

Exemple *Ce roman ne m'a pas intéressé.*
→ 1. Quel roman sans intérêt !
→ 2. Comment as-tu trouvé ce roman ? (interrogation partielle)

a. Ce gâteau au chocolat est excellent pour le moral.
→ 1. ....
→ 2. ....

b. Cette réaction m'a surprise.
→ 1. ....
→ 2. ....

c. Le chien de mes voisins est une sale bête.
→ 1. ....
→ 2. ....

2 ★★ Identifiez les types de phrases et précisez la nature du message.

1. Je vous conseille de vous taire. → ....
2. Quel beau gâchis ! → ....
3. Tu ne vas tout de même pas sortir maintenant ?
→ ....

3 ★★★ Lisez les phrases suivantes.

Surtout ne pas bouger, ne pas se faire remarquer !
À peine respirer !

Marie BILLET, *Cruelle Douceur*, 2002.

1. Quel type de phrase est utilisé à trois reprises ?
....
....

2. Justifiez cet emploi.
....
....

Auto évaluation Très bien ☐ Bien ☐ Pas assez bien ☐

4 Phrases simples et phrases complexes

→ Corrigés p. I

Observer et retenir

■ Une **phrase simple** comporte **une seule proposition** → *Il pleut des cordes.*

■ Une **phrase complexe** comporte **plusieurs propositions** :

- soit des propositions **indépendantes** qui peuvent être :
  - **juxtaposées** (signe de ponctuation) → *Il pleut des cordes ; prends ton parapluie.*
  - **coordonnées** (mais, ou, et, donc, or, ni, car) → *Prends ton parapluie car il pleut.*
- soit une proposition **principale** et une proposition **subordonnée** → *J'ai peur **qu'il pleuve**.*
  (ai : verbe principal ; pleuve : verbe subordonné)

■ La proposition subordonnée peut être :

- une **relative** (introduite par un pronom relatif), épithète (quand elle a un antécédent) ou ayant n'importe quelle fonction d'un nom → *Je regarde la pluie qui tombe.*
- une **conjonctive** (introduite par « que ») → *J'espère qu'il ne pleuvra pas.*
- une **infinitive** (pas de subordonnant) → *Je regarde la pluie tomber.*
- une **interrogative indirecte** (introduite par « si » ou un mot interrogatif) → *Je te demande s'il pleut !*
- une **circonstancielle** :
  - **conjonctive** (introduite par une conjonction de subordination, sauf « que ») → *Rentre puisqu'il pleut.*
  - **participiale** (pas de subordonnant → *La pluie tombant à seaux, on dut arrêter le match.*

Remarque
La proposition subordonnée dépend de la principale ;
elle ne peut pas fonctionner seule.

S'entraîner

1 ★ Combien y a-t-il de propositions dans ces phrases ? Quand vous en repérez plusieurs, indiquez si elles sont juxtaposées, coordonnées ou s'il y a une principale et une subordonnée.

1. Nous sommes en retard, dépêche-toi !

....

2. J'avais l'intention de t'offrir un cadeau, mais je n'ai rien trouvé !

....

3. Je crois bien que j'ai oublié son anniversaire.

....

4. Béatrice cherche quelqu'un qui puisse l'aider.

....

5. Dans cette lointaine contrée, il pleut, il vente, il neige.

....

2 ★ Ces phrases sont constituées de deux propositions indépendantes : transformez-les de façon à obtenir une proposition principale et une proposition subordonnée.

1. Je travaille trop ; je suis fatigué.

....

....

2. J'ignore une chose : à quelle heure viendras-tu ?

....

....

3. J'ai acheté un livre de Michel Déon ; tu m'avais beaucoup parlé de ce livre.

....

....

....

4. Vous ne pourrez pas naviguer aujourd'hui : il y a énormément de vent.

....

....

5. Nous vous le promettons : nous ne cacherons plus jamais de souris dans votre lit.

....

....

3 ★★ Pour chacune des phrases suivantes, soulignez les subordonnées participiales, quand vous en repérez, et encadrez leur sujet. Transformez ensuite ces phrases afin d'obtenir une principale et une subordonnée conjonctive.

Attention
Rappelez-vous que dans une subordonnée participiale, le sujet du verbe au participe est différent du sujet du verbe principal.

1. Le raisin étant mûr, il faut faire les vendanges.

....

2. Arthur étant en retard, il n'a pas pu nous rejoindre.

....

3. Le train partant tout juste, Amélie arriva essoufflée dans le hall de gare, son billet à la main.

....

4 ★★ Soulignez les propositions subordonnées, puis indiquez leur nature et leur fonction.

1. Le cadeau que tu m'as offert ne me plaît pas du tout. ....

2. Nos parents étant absents, nous avons organisé une fête à la maison..

3. Le jour se levant, les oiseaux gazouillent.

....

4. Étant donné que Clara n'a rien fait ce trimestre, elle n'ira pas en Angleterre !

....

5. Nous vous téléphonons afin que vous confirmiez notre rendez-vous.

....

6. Depuis déjà une heure, nous écoutons Nathan raconter des bêtises.

....

7. Je pense que tu peux recommencer cet exercice !

....

5 ★★★ Ces phrases sont constituées d'une proposition principale et d'une subordonnée ; transformez-les pour obtenir deux propositions indépendantes.

1. Je te prie de sortir !

....

2. Comme nous ne savions pas quoi acheter, nous avons pris des éclairs au chocolat.

....

3. Quand tu auras fait tes devoirs, tu regarderas la télévision.

....

4. J'ignore si elle a été invitée à l'anniversaire de Capucine.

....

5. Je dois me dépêcher car je suis garé en double file !

....

6. N'ayant plus de lait, je n'ai pas pu vous faire de crêpes !

....

6 ★★★ Lisez l'extrait suivant.

[Ils] n'appellent plus mais hurlent, des fenêtres commencent à s'allumer aux maisons voisines et des gens se fâchent.

Christian BOBIN, *La Folle Allure*, Gallimard, 1995.

1. Recopiez chaque proposition séparément.

....

....

....

2. Récrivez ce passage en remplaçant la virgule par une subordination.

....

....

Auto évaluation Très bien ☐ Bien ☐ Pas assez bien ☐

5 Les reprises nominales et pronominales

→ Corrigés p. II

Observer et retenir

■ Les reprises nominales et pronominales, que l'on appelle aussi « substituts », permettent d'**éviter la répétition** d'un mot, d'une expression ou d'un énoncé entier, tout en apportant parfois des informations complémentaires.

■ Elles peuvent être :

– des **pronoms** : **personnels** (il, le), **adverbiaux** (en, y), **démonstratifs** (cela, ceux-ci), **possessifs** (le sien, la nôtre), certains **pronoms indéfinis** (aucun, quelques-uns).

Exemple *Xavier a cassé sa calculatrice : celle-ci est tombée par terre. Je lui ai donné la mienne.*

– des **synonymes** (voir fiche 27) → *autorisation/permission.*

– des **mots génériques** : ce sont des mots de sens général qui englobent d'autres mots plus précis.

Exemple *Les chaises, les fauteuils et les tabourets, tous les sièges étaient abîmés.*

– des **périphrases** : ce sont des expressions (des sortes de définitions) qui permettent de désigner quelque chose sans le nommer.

Exemple *J'irai en Corse au printemps : il paraît que l'île de Beauté est alors très fleurie.*

S'entraîner

1 ★ Dans chaque phrase, soulignez le terme, l'expression ou l'énoncé auquel renvoient les reprises en rouge.

1. Je ne peux manger ni fraises, ni poires : **elles** me donnent des boutons. – **2.** Les enfants ont apprécié la sortie au bois de Belange : **certains y** retourneront avec leur famille. – **3.** La semaine prochaine, le président de la République sera en déplacement officiel en Allemagne. La presse allemande attend impatiemment **le chef d'État**. – **4.** Tu ne veux pas dire où tu es allé ? Je **le** saurai quand même !

2 ★★ Soulignez la reprise de chaque élément en rouge et indiquez de quel type de substitut il s'agit.

1. Sur les **quelques jours** que nous avons passés en baie de Somme, la plupart furent ensoleillés.

....

2. Venez acheter **des chiens** : les meilleurs amis des hommes vous attendent.

....

3. Mon année scolaire n'a pas été plaisante : j'espère que la tienne aura été meilleure.

....

4. Tu es en colère, je le sens bien.

....

3 ★★★ Lisez l'extrait suivant.

Quand j'étais enfant, j'avais toujours un ou deux lézards dans mon pupitre. Je les nourrissais avec des mouches, dont ils sont très friands, et, comme j'avais pour attraper ces insectes, des moyens supérieurs aux leurs, mes lézards me rendaient en amitié ce que je leur donnais en nourriture.

L'apparition du charmant petit visiteur me fit donc le plus grand plaisir.

Alexandre DUMAS, *Histoire d'un lézard.*

1. À quel élément du texte chacune des reprises soulignées renvoie-t-elle ?

....

2. a. Relevez l'ensemble des reprises qui évitent la répétition du mot « lézard ».

....

b. Indiquez de quels types de reprises il s'agit.

....

c. Quel mot générique le narrateur aurait-il pu également employer ?

....

Auto évaluation — Très bien ☐ Bien ☐ Pas assez bien ☐

6 L'expression du temps et du lieu

→ Corrigés p. II

Observer et retenir

■ Le **complément circonstanciel de lieu** (CC lieu) indique où l'on est, où l'on va, d'où l'on vient, par où l'on passe.

■ Le **complément circonstanciel de temps** (CC temps) apporte une précision concernant la date, la durée, la fréquence. Il peut aussi évoquer un **fait simultané** (pendant), **postérieur** (avant que), ou **antérieur** (après que) à l'action exprimée par le verbe principal.

Nature	CC temps	CC lieu
Nom ou GN	*Je préfère voyager* ***la nuit.***	*J'ai un studio* ***rue Montmartre !***
Groupe prépositionnel	*Je suis en vacances* ***pour trois semaines.***	*Je resterai* ***près de toi.***
Adverbe/pronom adverbial	*J'arrive* ***demain.***	*J'****y*** *suis, j'****y*** *reste !*
Participe ou gérondif	***En arrivant,*** *je passerai te voir.*	Ø
Prop. sub. conjonctive	*Viens* ***quand tu veux.***	Ø
Prop. sub. participiale	***La tempête s'étant calmée,*** *le bateau rentre au port.*	Ø
Prop. sub. relative	Ø	*Va* ***où tu veux !***

S'entraîner

1 ★★ Soulignez les compléments circonstanciels de temps ; précisez leur nature et la nuance exprimée (date, durée, etc.).
Dans quelles phrases la proposition subordonnée complément circonstanciel évoque-t-elle une action simultanée ? antérieure ?

1. L'an prochain, ils iront aux Antilles.

....

2. Alors qu'ils entraient dans le grenier, Léo et Léa entendirent des bruits qui les effrayèrent.

....

....

3. Olivier connaît bien ce bois ; en rentrant de Paris, il a coutume de s'y arrêter pour cueillir des morilles.

....

....

4. Dès que nous serons revenus de vacances, nous tapisserons le salon.

....

....

2 ★★★ Lisez l'extrait suivant. Identifiez trois compléments circonstanciels de lieu.
Qu'en concluez-vous sur la situation des passagers ?

Clair de lune
On tangue on tangue sur le bateau
La lune la lune fait des cercles dans l'eau
Dans le ciel c'est le mât qui fait des cercles
Et désigne toutes les étoiles du doigt
[...]

Blaise CENDRARS, *Feuilles de route*, © Éditions Denoël, 1947, 1963, 2001.

....

....

....

....

....

....

....

....

....

Auto évaluation — Très bien ☐ Bien ☐ Pas assez bien ☐

7 L'expression de la cause et de la conséquence

→ Corrigés p. II

Observer et retenir

■ La cause et la conséquence sont liées : on choisit de mettre en valeur l'une ou l'autre.

Exemples *Je t'accompagnerai au concert parce que j'adore ce groupe.* → cause
J'adore ce groupe, si bien que je t'accompagnerai au concert. → conséquence

■ On exprime la cause grâce à :
- un **groupe prépositionnel** → *Je suis en retard à cause des embouteillages.*
- un **gérondif** ou un **participe** → *En voulant trop en faire, il s'est épuisé.*
- une **proposition subordonnée conjonctive** → *Je reste puisque tu insistes.*
- une **proposition subordonnée participiale** → *Nos parents étant sortis, nous avons regardé un film.*
- une **proposition indépendante, coordonnée ou juxtaposée** → *Je préfère partir ; ses discours m'agacent !*

■ On exprime la conséquence grâce à :
- un **groupe prépositionnel** → *Il gèle à pierre fendre.*
- une **proposition subordonnée conjonctive** → *Tu insistes tellement que je vais rester.*
- une **proposition indépendante, coordonnée ou juxtaposée** → *Ses discours m'agacent ; je préfère partir !*

S'entraîner

1 ★ Soulignez l'expression de la cause et indiquez sa nature.

1. Je préfère me reposer ; je suis encore un peu fatiguée. → ....

2. À force de manger trop de bonbons, tu vas être malade.

→ ....

3. Les voisins s'étant absentés, vous pouvez faire autant de bruit que vous voulez !

→ ....

2 ★★ Indiquez si les groupes de mots soulignés expriment la cause ou la conséquence et précisez leur nature.

1. Des hommes, à la suite d'accidents, perdent la mémoire des noms propres ou des verbes et des chiffres. (MAUPASSANT, *Le Horla*)

....

2. Sétoc, enchanté, fit de son esclave son ami intime. (VOLTAIRE, *Zadig*)

....

3. J'étais tellement stupéfait, que je balbutiais mes réponses. (MAUPASSANT, *Le Horla*)

....

3 ★★★ Lisez l'extrait suivant.

Monsieur le baron était un des plus puissants seigneurs de la Westphalie, car son château avait une porte et des fenêtres. Sa grande salle même était ornée d'une tapisserie.

VOLTAIRE, *Candide*.

1. Relevez, dans la première phrase, une expression de la cause. Que pensez-vous de la logique ainsi proposée ? Comment qualifieriez-vous le ton du narrateur ?

....

2. Apportez les modifications nécessaires pour exprimer la cause au moyen d'une subordonnée. Transformez ensuite la phrase ainsi obtenue en inversant le rapport cause/conséquence, de façon à créer une proposition subordonnée de conséquence.

....

Auto évaluation Très bien ☐ Bien ☐ Pas assez bien ☐

8 L'expression de l'opposition et de la concession

→ Corrigés p. II

Observer et retenir

On peut exprimer l'opposition ou la concession grâce à :

- **deux propositions indépendantes coordonnées** (mais, or)
  Exemple *Tu affirmes avoir laissé les clefs sur le buffet, or je ne les vois pas.*
- **une proposition subordonnée conjonctive**
  Exemple *Quand bien même Louis aurait encore son plâtre, nous partirions en Tunisie.*
- **un groupe prépositionnel** (sans, excepté, malgré, en dépit de, au lieu de)
  Exemple *Malgré l'heure tardive, je me permets de vous téléphoner.*
- **un participe ou un adjectif apposé** (souvent introduit par une conjonction)
  Exemple *Bien que désordonnée, Laura ne perd jamais rien.*
- **un verbe au gérondif précédé de « tout »**
  Exemple *Comment peux-tu m'écouter tout en lisant le journal ?*

Remarque
L'opposition et la concession consistent à **rapprocher deux faits contradictoires**, qui se déroulent ou pourraient se dérouler simultanément, **pour les opposer**.

Attention
Le mode du verbe de la subordonnée dépend de la conjonction de subordination.

S'entraîner

1 ★ Soulignez le complément circonstanciel d'opposition et indiquez sa classe grammaticale.

1. Au lieu de disparaître discrètement par l'escalier de service, la servante congédiée sortit fièrement par la porte principale.

....

2. Alors que l'orage grondait au loin, Joe laissa la télévision et l'ordinateur allumés.

....

3. Il est interdit de manger tout en conduisant.

....

4. Quand bien même cette voiture nous plairait, nous ne l'achèterions pas !

....

2 ★★ Transformez les deux indépendantes en une proposition principale et une proposition subordonnée conjonctive d'opposition. Utilisez les conjonctions de subordination proposées entre parenthèses.

1. C'est le printemps mais il fait toujours froid. (alors que)

....

2. Certaines grandes surfaces étaient ouvertes le 1er mai, or je refuse de faire les courses le jour de la fête du Travail. (quand bien même)

....

3. Il fait froid, or je n'ai pas pris mon blouson. (alors que)

....

3 ★★★ Lisez l'extrait suivant.

Il avait bien essayé de se remettre à plaisanter, à fanfaronner, mais le cœur n'y était plus.

Sylvie GERMAIN, *Le Chineur de merveilles*, 1996.

1. Quel rapport logique unit les deux propositions de cette phrase ?

....

2. Exprimez-le en utilisant une proposition subordonnée.

....

Auto évaluation Très bien ☐ Bien ☐ Pas assez bien ☐

9 L'expression de la condition

→ Corrigés p. II

Observer et retenir

■ On peut exprimer **la condition** au moyen :

– d'une proposition **subordonnée conjonctive** → *Si tu réussis ton tableau, nous l'accrocherons. Nous l'accrocherons à condition qu'il soit réussi.*

– d'une proposition **subordonnée relative** → *Celui qui nagerait bien pourrait atteindre cette île en une heure.*

– d'une proposition **subordonnée participiale** → *Les épreuves ayant été difficiles, je n'aurais pas eu une telle moyenne sans avoir révisé.*

– d'une proposition **indépendante juxtaposée** → *Réussirais-tu ton tableau, nous l'accrocherions.*

– d'un **gérondif** → *En te dépêchant, tu pourrais arriver à l'heure !*

– d'un **adjectif épithète détaché** → *Trop affable, il ne t'aurait pas plu !*

– d'un **groupe nominal apposé** → *Homme d'affaires brillant, il surprendrait tout le monde en revendant ses actions.*

– d'un **groupe prépositionnel** → *À condition de me le dire, je t'accompagnerai.*

■ **Nuancer l'hypothèse**

• Dans les phrases hypothétiques complexes (une principale + une subordonnée), l'action évoquée dans la principale dépend du **degré de réalisation** de l'hypothèse formulée dans la subordonnée.

• Cette hypothèse, ou supposition, peut être présentée comme :

– réalisable (**l'éventuel**) : ***Si tu m'aimes,*** *suis-moi !*
aimes → indicatif présent ; suis → indicatif présent ou futur

– possible (**le potentiel**) : ***Si tu me prêtais trois euros,*** *je pourrais aller à la piscine.*
prêtais → indicatif imparfait ; pourrais → conditionnel présent

– non réalisée dans le présent (**l'irréel du présent**) : ***Si j'avais du courage,*** *je t'aiderais !*
avais → indicatif imparfait ; aiderais → conditionnel présent

– non réalisée dans le passé (**l'irréel du passé**) : ***Si tu avais pris ton maillot,*** *nous serions allés à la piscine.*
avais pris → indicatif plus-que-parfait ; serions allés → conditionnel passé

S'entraîner

1 ★ Dans les phrases suivantes, soulignez le mot ou groupe de mots qui exprime la condition et donnez sa nature grammaticale.

1. La pluie cessant, nous ferions une promenade jusqu'à la falaise.

....

2. Si Léa ne vient pas, Bastien sera déçu !

....

3. En gagnant cette étape, il aurait remporté le maillot jaune.

....

4. Habillé de la sorte, tu ne m'accompagneras pas à cette soirée !

....

5. Quiconque eût entendu cela eût été bien fâché !

....

6. Sans palmes, il n'aurait pas pu nager sur une telle distance.

....

7. Si tu viens, prends tes skis.

....

2 ★ Associez les hypothèses de la colonne de gauche aux propositions de la colonne de droite, de façon à former des phrases cohérentes. (Toutes les hypothèses doivent être utilisées une fois.)

1. En connaissant son code, •	• a. il n'aurait pas eu d'accident.
2. La voiture révisée, •	• b. nous arriverons à Paris à temps.
3. Si tu vas au garage, •	• c. nous ne risquerons pas d'avoir une panne.
4. À moins d'une panne, •	• d. Julie aurait plus de chances d'avoir son permis.
5. Prudent, •	• e. peux-tu vérifier la pression des pneus ?

3 ★★ Conjuguez le verbe entre parenthèses au temps et au mode qui conviennent.

1. Si tu *(faire)* .... du sport, tu serais un peu plus musclé ! – 2. Si Ferdinand *(apercevoir)* .... un ennemi, il ne sait pas s'il aurait pu tirer. – 3. Si Robinson *(ne pas rencontrer)* .... Vendredi, il se serait bien ennuyé. – 4. Si vous *(se charger)* .... du dessert, cela me rendrait service. – 5. S'il *(rester)* ...., c'est moi qui m'en vais !

4 ★★ Transformez ces phrases hypothétiques à l'irréel du présent en phrases à l'irréel du passé.

1. Si je n'avais pas de si grands pieds, je trouverais des espadrilles à ma taille !

....

2. Si je savais naviguer, je traverserais la Manche.

....

3. Si tu étais gentille, on t'inviterait samedi soir.

....

4. Si nous faisions suffisamment d'économies, nous irions passer Noël à New York.

....

5. S'il faisait moins chaud, vous passeriez de meilleures vacances.

....

5 ★★★ Dans chacune de ces phrases, remplacez les mots en rouge par une proposition subordonnée introduite par si. Observez bien le verbe de la principale afin de respecter le degré de réalisation.

1. **Sans ton aide**, ils ne s'en seraient jamais sortis !

....

2. **Prêtez-lui cet argent**, il ne vous le rendra jamais !

....

3. **Les voitures fonctionnant à l'éthanol**, le pétrole aurait moins de valeur.

....

4. **Sans ta recette**, je ne peux pas préparer de fondant au chocolat.

....

6 ★★★ Lisez l'extrait suivant.

Si seulement j'avais un million de dollars, je pourrais quitter cet endroit, marmonna-t-il, en sautant par-dessus un seau dans lequel trempait une serpillière. J'irais en Alaska. Je trouverais la source de l'Amazone et je lui donnerais mon nom, je découvrirais l'Atlantide, je...

E. H. RHODES, *Le Prince de Central Park*.

1. Donnez la nature et la fonction de la proposition introduite par « si ». Remplacez-la par un groupe prépositionnel de même valeur.

....

....

....

2. Identifiez et justifiez la conjugaison des verbes « pourrais », « irais », « trouverais », « découvrirais ». Dans quel système hypothétique sommes-nous ?

....

....

....

....

Remarque

Quand on vous demande de **reconnaître le système hypothétique**, cela signifie que vous devez préciser le degré de réalisation de l'hypothèse (**potentiel**, **irréel du présent**, etc.).

Auto évaluation Très bien ☐ Bien ☐ Pas assez bien ☐

10 Les connecteurs logiques

→ Corrigés p. II

Observer et retenir

- Les connecteurs logiques sont des **mots qui établissent une relation logique** entre deux mots, deux propositions, deux paragraphes.

Exemple *Ils décidèrent de partir à bord du voilier car la journée s'annonçait chaude.*

- Ils sont parfois **sous-entendus** : c'est la ponctuation qui traduit alors leur valeur.

Exemple *La journée s'annonçait chaude : ils décidèrent de partir à bord du voilier.*

- Ils peuvent traduire l'addition, la similitude, l'alternative, l'opposition, la cause, la conséquence, etc.
- Ils appartiennent à **différentes classes grammaticales** : conjonctions, adverbes et locutions.

Sens / Nature	Addition Similitude Liaisons	Alternative	Opposition Contradiction	Cause Explication	Conséquence Conclusion	Illustration
Conjonctions de coordination	et, ni… ni, or	ou	mais, or	car	donc	
Adverbes et locutions adverbiales	de plus, par ailleurs, également, de même, d'abord, puis, en outre, enfin, premièrement	ou bien… ou bien, soit… soit	cependant, pourtant, néanmoins, du reste, d'ailleurs, en revanche, au contraire	en effet, de fait	aussi, bref, en conclusion, en conséquence	par exemple, ainsi, notamment, à savoir
Conjonctions et locutions conjonctives de subordination		soit que… soit que	quoique, bien que, tandis que, alors que	parce que, puisque, vu que, étant donné que, du fait que	de sorte que, si bien que, à tel point que	

S'entraîner

1 ★ Soulignez le connecteur logique approprié.

1. Tu entres **et/donc/ou** tu sors, **donc/mais/car** tu ne laisses pas la porte ouverte **or/cependant/car** il y a des courants d'air ! – **2.** Il y a des dangers à pratiquer le clonage des êtres humains. Ces expériences peuvent **par ailleurs/néanmoins/d'ailleurs** permettre d'améliorer la culture de cellules d'organes vitaux, comme le foie **soit/aussi/ou** le rein ; en outre, elles peuvent aboutir à la création d'êtres exactement semblables à nous-mêmes, **du reste/mais/en conclusion** à la volonté peut-être contrôlable…

2 ★★ Pour chaque signe de ponctuation souligné, proposez un connecteur logique et expliquez la relation logique sous-entendue.

1. En classe, je n'avais d'yeux que pour lui : il ne s'en doutait pas, assurément ; jusqu'à ce jour je n'avais pas échangé avec lui vingt paroles.

André GIDE, *Si le grain ne meurt.*

……………………………………………………………………

2. Les hommes et les femmes conviennent rarement sur le mérite d'une femme : leurs intérêts sont trop différents.

LA BRUYÈRE, *Les Caractères.*

……………………………………………………………………

3 ★★ Complétez ce texte à l'aide des connecteurs logiques proposés : bien qu', en effet, c'est pourquoi, même si, parce qu'.

Lorsque les détectives sont arrivés sur les lieux du crime, ils n'ont trouvé qu'un cadavre déjà froid, et pas de témoins ; ...., ... ils avaient désespérément besoin d'indices, ils ont fouillé toute la maison, examiné tous les objets à la loupe, ... apparemment aucun d'eux ne semblait pouvoir leur apprendre quoi que ce soit ; ...., ce sont toujours de simples détails qui permettent de découvrir une piste, ... ils aient l'air insignifiants.

4 ★★ Les phrases suivantes sont absurdes car les connecteurs logiques sont mal choisis. Rétablissez leur cohérence en proposant le connecteur approprié.

1. Je souhaiterais t'accompagner lors de cette randonnée, de plus mon vélo est hors d'usage !

....

2. Nous n'avions pas fait nos exercices parce que le professeur nous a punis.

....

3. Il était impossible d'emprunter cette route, de sorte qu'il y avait énormément de neige, verglacée par endroits.

....

4. Je suis morte de faim, à tel point que je n'ai rien mangé ce matin : néanmoins, il ne restait pas même une malheureuse biscotte.

....

5 ★★★ Conjuguez les verbes entre parenthèses au temps indiqué et au mode qui convient.

1. Bien qu'il y (avoir, *imparfait*) .... peu de monde dans le restaurant, le service était très lent !

2. Tu restes enfermé pour travailler alors qu'il (faire, *présent*) .... si beau !

3. Quoique nous (habiter, *présent*) .... dans le même immeuble, nous ne nous voyons jamais.

4. Vu que vous ne (remplir, *présent*) .... pas les conditions, que vous n' (participer, *passé composé*) .... à aucun stage de survie en forêt, vous ne serez pas admis au camp des Chats-huants.

5. Tous nos invités sont finalement venus, si bien qu'il n'y (avoir, *imparfait*) .... pas assez de champagne ni de petits fours ! À tel point que la prochaine fois, nous (demander, *futur*) .... à chaque invité de nous téléphoner, afin qu'il (pouvoir, *présent*) .... nous dire s'il vient ou pas...

6 ★★★ Lisez l'extrait suivant.

Les terres de ce petit royaume[1] n'étaient pas de même nature : il y en avait d'arides et de montagneuses, et d'autres qui, dans un terrain bas, étaient arrosées de plusieurs ruisseaux. Cette année, la sécheresse fut très grande, de manière que les terres qui étaient dans les lieux élevés manquèrent absolument[2], tandis que celles qui purent être arrosées furent très fertiles. Ainsi les peuples des montagnes périrent presque tous de faim.

MONTESQUIEU, *Lettres persanes*.

1. Il s'agit du royaume imaginaire des Troglodytes.
2. Ne produisirent rien.

1. Relevez les connecteurs logiques, précisez leur nature et leur sens.

....

....

2. « [...] de manière que les terres qui étaient dans les lieux élevés manquèrent absolument [...] »

a. Proposez un connecteur synonyme de « de manière que ». ....

b. Donnez la nature et la fonction de cette proposition.

....

....

Astuce
Quand on vous demande la nature d'une proposition introduite par un connecteur, identifiez d'abord la nature de ce connecteur.

c. Modifiez la phrase afin d'obtenir une subordonnée circonstancielle de cause.

....

....

Auto évaluation — Très bien ☐ Bien ☐ Pas assez bien ☐

11 Énoncé et situation d'énonciation

→ Corrigés p. II

Observer et retenir

L'énoncé coupé de la situation d'énonciation

Pour comprendre l'énoncé, il n'est pas nécessaire de connaître la situation d'énonciation.

Exemple *Paul habite à Londres.*

L'énoncé ancré dans la situation d'énonciation

- L'énoncé n'a de sens que si l'on connaît la situation d'énonciation. Exemple *J'habite près d'ici.*
- Les mots qui renvoient à la situation d'énonciation prennent un **sens différent selon le locuteur** (celui qui produit le message), **le destinataire** (celui à qui est adressé le message), **le lieu** et **le moment de l'énonciation**.

Exemple *Je suis ravi ! Je suis ravie !* → Les locuteurs sont différents.

S'entraîner

1 ★ Ces énoncés sont-ils ancrés dans la situation d'énonciation ? Si oui, soulignez les mots qui renvoient à la situation d'énonciation (on les appelle « indices de la situation d'énonciation »).

1. Lorsque je partis de Smyrne, je chargeai mon ami Ibben de te faire tenir une boîte où il y avait quelques présents pour toi ; tu recevras cette lettre par la même voie.

MONTESQUIEU, *Lettres persanes*, XXVII.

2. C'est le destin des héros de se ruer à conquérir des pays qu'ils perdent soudain, ou à soumettre des nations qu'ils sont obligés eux-mêmes de détruire.

MONTESQUIEU, *Lettres persanes*, CXXI.

3. Pendant deux jours, la mémé avait mesuré des aiguillées de fil, coupé la toile bleue d'un ancien pantalon de Victor et cousu minutieusement, ne levant les yeux de son ouvrage que pour regarder le chemin pierreux qui va du ruisseau de Saint-Jean à la route du Puy. Le résultat : un pantalon trop long dont Olivier remontait le bas mais dans lequel il se sentait à l'aise.

Robert SABATIER, *Les Noisettes sauvages*.

4. – Jean veut se marier, monsieur Pascal. Il l'a dit à sa mère. Rien de plus juste naturellement ; mais il faut choisir...
– Et il a sûrement choisi, n'est-ce pas, Marthe ?
Marthe n'a pas répondu à ma question. De la tête, elle m'a montré son mari, qui attendait. Je me suis retourné vers le vieil Alibert.
Le vieil Alibert a repris :
– Vous connaissez Jean. C'est un garçon de confiance. Il a dit la chose à sa mère et l'a chargée de m'en parler, hier soir, après la soupe.

Henri BOSCO, *Le Mas Théotime*.

2 ★★ 1. Nous sommes en 2019 et vous indiquez la date d'achat de votre maison. Complétez ces phrases en remplaçant l'année par l'une des expressions temporelles suivantes : bientôt, cette année, dans longtemps, il y a quelque temps.

Exemple

*J'ai acheté une maison en **2019**.* → *cette année*

a. J'ai acheté une maison en 2014.

....

b. J'achèterai une maison en 2020.

....

c. J'achèterai une maison en 2040.

....

2. Même consigne, mais cette fois, nous sommes en 2021. Utilisez cette fois les expressions : cette année, il y a longtemps, il y a quelque temps.

a. J'ai acheté une maison en 2005.

....

b. J'ai acheté une maison en 2019.

....

c. J'ai acheté une maison en 2021.

....

3 ★★ Ces énoncés sont tous ancrés dans la situation d'énonciation : qui est le locuteur et à quel destinataire s'adresse-t-il ?

1. Quelles sont vos impressions après ce tour du monde à la voile en solitaire ?

....

2. Je ramasse les copies dans une demi-heure.

....

3. Je sollicite de votre bienveillance l'autorisation de m'absenter mardi prochain.

....

4. Avez-vous remarqué à quels moments vous avez des vertiges ?

....

5. Va te coucher, je te lirai une histoire tout à l'heure.

....

6. Je vous conseille le sauté de bœuf, accompagné de sa salade aux fleurs de capucine.

....

4 ★★ Récrivez chacun des énoncés en fonction du nouvel élément qui vous est indiqué.

1. Je dois vous avouer que je suis ruinée. (Locuteurs : Pauline et Philippe)

....

2. Rejoins-moi. (Destinataire : un groupe de filles) ......

....

3. Ne partez pas ! (Destinataire : une personne, familière du locuteur)

....

4. Je suis venu, j'ai vu, j'ai vaincu. (Locuteur : Cléopâtre)

....

5. New York est une ville fascinante ; je suis heureuse de vivre là-bas. (Lieu de l'énonciation : New York)

....

6. Nous devons partir à minuit. (Moment de l'énonciation : minuit)

....

5 ★★★ Transformez cet énoncé coupé de la situation d'énonciation en énoncé ancré dans la situation d'énonciation : le 1er juillet, Paul Draule écrit, de son lieu de vacances, une lettre à un ami.

Le 30 juin 2012, Paul Draule prit l'avion pour aller passer ses vacances sur l'île de la Réunion. Le soleil, les plages, la mer bleu lagon, il y pensait depuis des mois. Pourtant, le matin du départ, il avait craint de ne pas voir son rêve se réaliser : il ne trouvait plus son billet. Mais il l'avait retrouvé au fond de sa valise. Le 1er juillet, il était allongé dans un hamac au bord de l'eau… heureux !

....

....

....

....

....

....

....

....

....

6 ★★★ Lisez l'extrait suivant, puis récrivez ce texte en imaginant que le narrateur n'est pas seul, mais qu'ils sont deux soldats allemands. Opérez les transformations nécessaires.

(Pendant la Première Guerre mondiale, le narrateur, un jeune soldat allemand, vient de tuer un soldat français.)

Je parle, il faut que je parle. C'est pourquoi je m'adresse à lui, en lui disant : « Camarade, je ne voulais pas te tuer. […] Pardonne-moi, camarade ; comment as-tu pu être mon ennemi ? Si nous jetions ces armes et cet uniforme tu pourrais être mon frère. […] » Son uniforme est encore entrouvert. Il est facile de trouver le portefeuille. Mais j'hésite à l'ouvrir. Il y a là son livret militaire avec son nom. Tant que j'ignore son nom, je pourrai peut-être encore l'oublier.

Erich Maria REMARQUE, *À l'ouest rien de nouveau*,
trad. A. Hella et O. Bournac,

....

....

....

....

....

....

....

....

....

Auto évaluation Très bien ☐ Bien ☐ Pas assez bien ☐

12 Les expansions du nom

→ Corrigés p. III

Observer et retenir

■ On appelle **expansion du nom** un ou plusieurs mots qui apportent une information complémentaire à ce nom, qui en précisent le sens.

■ Supprimable, l'expansion du nom peut être :

– un **adjectif qualificatif**, épithète liée ou détachée → *un énorme gâteau ; Rapide, ce scooter te sera très utile.*

– un **nom** ou un **GN apposé** → *ta sœur, cette chipie ; l'île de Rhodes.*

– un **groupe prépositionnel** (**complément du nom**) → *une brosse à dents ; le château de ma mère.*

– une **proposition subordonnée relative** :
Le cheval que tu aperçois au milieu de la pâture.

Remarque
Introduite par un pronom relatif, la fonction de la proposition relative est épithète de l'antécédent.

S'entraîner

1 ★ Soulignez les propositions subordonnées relatives et encadrez les noms (ou GN) dont elles sont épithètes. Indiquez la fonction du pronom relatif.

1. Ils reconnurent la maison à un vieux noyer qui l'ombrageait. →............................ – **2.** La bonne femme l'accompagna jusqu'au bout de la cour, tout en parlant du mal qu'elle avait à se relever la nuit. →............................ – **3.** C'était une de ces coiffures d'ordre composite, où l'on retrouve les éléments du bonnet à poil, du chapska, du chapeau rond. →............................

Gustave FLAUBERT, *Madame Bovary*.

2 ★★ Soulignez les expansions du nom : sont-elles des noms (ou GN) apposés, des groupes prépositionnels (compléments du nom), ou des subordonnées relatives ?

1. Laisse-moi le temps d'arriver ! →...................... – **2.** La mode d'aujourd'hui est parfois surprenante. →......................... – **3.** La ville de Marseille a bien changé. →...................... – **4.** J'ai commandé une pizza aux artichauts, le plat préféré de Nicolas.→.................. – **5.** On a remis au goût du jour les fauteuils en skaï. →...................... – **6.** Paris, capitale de la mode, attire toujours beaucoup d'étrangers.→........................ – **7.** Je rêve d'une énorme tarte aux fraises ! →.................... – **8.** Nous habitons maintenant dans le quartier Saint-Jean. →.................... – **9.** L'île de Santorin surprend toujours le voyageur qui arrive en bateau. →...................

3 ★★★ Lisez l'extrait suivant.

Le commerce n'existe plus. C'est une maison particulière, avec des rideaux de tergal aux anciennes devantures. Le fonds s'est éteint avec le départ de ma mère qui vit dans un studio à proximité du centre.

Annie ERNAUX, *La Place*, © Éditions Gallimard, 1983.

1. Relevez les expansions du nom et indiquez leur nature.

....

2. Quels sont les sens les plus courants de « particulier » ?

....

3. Quel est le sens ici ? Quels éléments du texte vous ont permis de répondre ?

....

13 Rapporter des paroles dans un récit : distinguer le discours rapporté

→ Corrigés p. III

Observer et retenir

■ Le **discours direct** reproduit les paroles telles qu'elles ont été prononcées. Les paroles sont **ancrées** dans la situation d'énonciation : on retrouve les **caractéristiques** du système **du discours**.
On repère ce discours par la présence d'un **verbe de parole** (placé avant, après ou dans les paroles), de **tirets** indiquant le changement d'interlocuteur, de **guillemets** encadrant les propos.

Exemple *Marie lui demanda : « À quelle heure comptes-tu rentrer ? »*

■ Le **discours indirect** rapporte les paroles en les **modifiant** afin de les intégrer grammaticalement dans le système du **récit**. Les paroles sont, dans ce cas, **coupées** de la situation d'énonciation.
Elles sont introduites par un **verbe de parole** qui se trouve alors dans la proposition principale.

Exemple *Marie lui demanda à quelle heure il comptait rentrer.*

■ Le **discours indirect libre** rapporte les paroles en les **modifiant** et en les intégrant dans le récit **sans qu'elles ne soient introduites par un verbe de parole**.
Des **marques d'oralité** (phrases exclamatives et interrogatives, expressions familières) subsistent.

Exemple *Il n'avait pas grand-chose à lui répondre : il s'en moquait pas mal d'être en retard !*

■ Le **discours narrativisé** **résume les propos** sans vraiment rapporter les paroles ; il est moins précis.

Exemple *Marie l'interrogea sur son retour.*

S'entraîner

1 ★ Dans ce texte, soulignez en rouge les passages de récit, en vert les paroles des personnages, puis entourez les signes de ponctuation caractéristiques du discours direct.

Quand ils retrouvèrent la force de parler :
« Léon, dit la jeune femme (j'ai oublié de dire qu'elle était jeune et jolie), Léon, quel bonheur ! Jamais je ne vous aurais reconnu sous ces lunettes bleues.
– Quel bonheur ! dit Léon. Jamais je ne vous aurais reconnue sous ce voile noir.
– Quel bonheur ! reprit-elle. Prenons vite nos places ; si le chemin de fer allait partir sans nous !... (Et elle lui serra le bras fortement.) On ne se doute de rien. »

MÉRIMÉE, *La Chambre bleue*.

2 ★★ Remplacez le verbe dire par un verbe de parole plus expressif.

1. Il dit fièrement →.......................... : « J'ai le plus beau scooter du quartier ! » – **2.** L'inspecteur de police lui dit →.......................... : « Où étiez-vous hier soir à vingt heures ? » – **3.** Le mari de la victime dit →.......................... qu'il était au restaurant avec des collègues de travail. – **4.** On entendait les habitants prisonniers des flammes dire →.......................... au secours.

3 ★★★ Transposez les phrases suivantes au discours direct.

Exemple *Il répète à qui veut l'entendre qu'il est un homme heureux.* → *Il répète à qui veut l'entendre : « Je suis un homme heureux. »*

1. Mon frère m'assura que Mathieu n'était pas passé pendant mon absence.

....

2. L'apprenti couvreur demande à son patron s'il sera assuré pour monter sur le toit des maisons.

....

3. Le moniteur de conduite confirma à ses élèves qu'ils pourraient passer leur permis de conduire dès la prochaine session.

....

Auto évaluation Très bien ☐ Bien ☐ Pas assez bien ☐

14 Rapporter des paroles dans un récit : passer d'un discours à l'autre

→ Corrigés p. III

Observer et retenir

Tableau des principales transformations à la 3e personne

	Discours direct	Discours indirect	Discours indirect libre
Nature des propositions	propositions indépendantes	une proposition principale et une proposition subordonnée complément d'objet	propositions indépendantes
Pronoms personnels	je, tu, nous, vous...	il, elle, ils, elles...	
Adjectifs et pronoms possessifs	ma, tes, nôtre, vos, la mienne...	sa, ses, le leur, les leurs, la sienne...	
Repères spatiaux et temporels	ici, maintenant, hier, demain...	à cet endroit, alors, la veille, le lendemain...	
Les temps verbaux (si le récit est au passé)	présent, imparfait, futur simple, passé composé, futur antérieur	imparfait, plus-que-parfait, conditionnel présent, plus-que-parfait, conditionnel passé	

S'entraîner

1 ★ Reliez la phrase au discours direct à sa transposition au discours indirect. (Plusieurs solutions possibles.)

1. Ludo demanda : « Viendrez-vous demain ? » •

• a. Il lui demanda s'il viendrait le lendemain.
• b. Il leur demanda de venir demain.
• c. Il leur demanda s'ils viendraient le lendemain.

2. Iris affirma : « Je ne sais pas ce qu'a fait mon frère avant-hier. » •

• a. Iris affirma qu'elle ne savait pas ce qu'avait fait son frère la veille.
• b. Iris affirma qu'elle ne savait pas ce qu'avait fait son frère l'avant-veille.
• c. Iris affirma qu'elle ignorait ce que mon frère avait fait l'avant-veille.

3. Clément me supplia : « Ne raconte pas ce que tu as vu à ma mère ! » •

• a. Clément me supplia de ne rien dire à sa mère.
• b. Clément me supplia de ne pas raconter ce que j'avais vu à sa mère.
• c. Clément me supplia pour que je ne raconte pas ce que j'avais vu à sa mère.

2 ★★ Récrivez les phrases suivantes en conjuguant le verbe de parole au passé simple et en veillant à la concordance des temps.

Exemple *Le majordome annonce à ses maîtres que leurs invités, M. et Mme de Rolinca, viennent d'arriver et qu'ils attendent dans le hall d'entrée.*
Le maître d'hôtel annonça à ses maîtres que leurs invités, M. et Mme de Rolinca, venaient d'arriver et qu'ils attendaient dans le hall d'entrée.

1. Monsieur le comte répond qu'étant donné qu'ils sont en retard, ils attendront cinq minutes.

....

....

2. Le majordome marmonne en se retirant que c'est bien fait pour eux.

....

....

3. Néanmoins, la comtesse fait remarquer à son époux qu'ils ont peut-être eu un problème sur la route et qu'ils n'ont pas pu prévenir.

....

....

....

4. C'est alors que M. de Rolinca, furieux, entre dans le salon et hurle qu'il se vengera de cet affront et que ses hôtes incorrects auront regretté leur geste avant la fin de l'année.

....

....

....

5. Puis il ajoute que sa femme et lui-même s'en vont sur-le-champ et que, de toute façon, il ne les a jamais considérés comme de véritables amis.

....

....

....

6. Le comte rétorque qu'en ce qui le concerne, il n'a jamais eu d'amis.

....

....

3 ★★★ **Transposez les phrases suivantes au discours indirect.**

Exemple *Caroline me promet : « Je ne rentrerai pas trop tard. » → Caroline me promet qu'elle ne rentrera pas trop tard.*

1. Il lui répète : « Ne mange pas toutes les truffes au chocolat ! Gardes-en pour ta sœur. »

....

....

2. Le démarcheur lui redemanda : « Vous ne désirez vraiment pas acheter l'un de ces aspirateurs ? » Et il lui proposa : « Réfléchissez jusqu'à demain. »

....

....

3. Le message que David nous a laissé sur le répondeur disait : « Ne vous inquiétez pas ; je ne peux pas passer vous voir aujourd'hui, mais je vous rappellerai demain soir. »

....

....

4 ★★★ **Lisez l'extrait suivant, puis soulignez le passage au discours indirect. Transposez-le au discours direct.**

Quand le brancard arriva enfin et qu'on parla de partir pour l'hôpital, elle se releva, en disant violemment :
– Non, non, pas à l'hôpital !... Nous demeurons rue Neuve-de-la-Goutte-d'Or.
On eut beau lui expliquer que la maladie lui coûterait très cher, si elle prenait son mari chez elle.

Zola, *L'Assommoir*, 1877.

....

....

....

....

....

....

....

....

5 ★★★ **Lisez l'extrait suivant.**

Si, un soir, je lui proposais d'aller au cinéma, elle disait aussitôt que oui, c'était une merveilleuse idée « et parfaitement, que diable, il faut se divertir et jouissons de la vie tandis que nous sommes en vie et vraiment il est fou d'être sages et pourquoi resterions-nous calfeutrés à la maison, comme des vieux, et je suis prête, mon chéri, je n'ai que mon chapeau à mettre ».

Albert COHEN, *Le Livre de ma mère*, 1954.

1. Quels sont les deux procédés grammaticaux utilisés pour rapporter les paroles des deux personnages ?

....

....

2. Récrivez ce passage au discours indirect en utilisant « elle me disait » comme formule introductrice. Vous effectuerez toutes les transformations nécessaires.

....

....

....

....

....

....

Auto évaluation Très bien ☐ Bien ☐ Pas assez bien ☐

15 Les propositions subordonnées compléments d'objet

→ Corrigés p. III

Observer et retenir

■ Les propositions subordonnées compléments d'objet ont, comme le nom, une **fonction essentielle** dans la phrase (sujet, attribut, COD, etc.).

On en distingue trois sortes.

■ **Les propositions subordonnées conjonctives introduites par « que »**

• Elles sont le plus souvent **COD** :
– de verbes de **déclaration** (annoncer) et d'**opinion** (penser) → le verbe de la subordonnée est alors au mode **indicatif** (*Je pense qu'il viendra*) ;
– de verbes de **sentiment** (aimer) et de **volonté** (souhaiter) → le verbe de la subordonnée est alors au mode **subjonctif** (*Je souhaite que tu nous rejoignes*).

• Elles peuvent aussi être **sujet** (*Que tu aies raison m'étonnerait fort !*), **complément du nom** (*La seule pensée qu'il ait pu me mentir me peine beaucoup*), etc.

■ **Les propositions subordonnées interrogatives indirectes**

Elles sont introduites par ***si*** (interrogation totale : réponse oui/non) ou d'autres mots interrogatifs (interrogation partielle). Elles sont toujours **COD** du verbe principal :
Je me demande s'il viendra. Je me demande à quelle heure il viendra.

■ **Les propositions subordonnées infinitives**

Elles sont **COD** du verbe principal. Leur verbe est à l'**infinitif**.
Elles sont introduites **sans mot de subordination** :
J'aime regarder les autres travailler...

Attention
Le sujet du verbe à l'infinitif est **toujours différent** du sujet du verbe principal.

S'entraîner

1 ★ Soulignez les propositions subordonnées compléments d'objet quand vous en repérez.

1. Je vois bien que tu te moques de moi !
2. L'histoire que tu me racontes ne m'amuse guère.
3. J'ai rêvé que tu m'offrais une voiture décapotable.
4. À moins que tu prépares un gâteau et que tu m'apportes des fleurs, je n'ai pas l'intention de t'inviter samedi.
5. Peu importe qu'il ne remporte pas la médaille d'or ; l'important est qu'il fasse du mieux qu'il pourra.
6. Le souvenir que j'ai de ta cousine est très flou...
7. D'où vient que l'on rit si librement au théâtre, et que l'on a honte d'y pleurer ? (La Bruyère)

2 ★★ Conjuguez les verbes de chacune de ces propositions subordonnées au temps indiqué entre parenthèses, en choisissant le mode qui convient.

1. Je suis heureuse que vous (pouvoir, *passé composé*) .... venir. – **2.** Le professeur exige que nous (rendre, *présent*) .... nos devoirs sans retard ; je ne crois pas que cela (être, *présent*) .... anormal ! – **3.** Il est injuste que j'(être puni, *passé*) .... et pas toi ! – **4.** Le garde-chasse ne doute pas que le garçon (dire, *présent*) .... la vérité, mais il préfèrerait que ce dernier lui (montrer, *présent*) .... le contenu de sa besace. – **5.** Nous ne nous attendions pas à ce qu'il (réagir, *présent*) .... ainsi ; maintenant nous

craignons qu'il (faire, *présent*) ....
un scandale. – **6.** Des savants avaient compris que la Terre (tourner, *imparfait*) .... autour du Soleil bien avant qu'on le reconnût officiellement.

3 ★★ Transformez les phrases suivantes afin d'obtenir une proposition subordonnée interrogative indirecte.

Attention
Veillez à la concordance des temps lorsque le verbe de la principale est au passé !

1. Je me suis demandé : se moque-t-il de moi ?

....

....

2. Ophélie ignorait encore ceci tout à l'heure : Paul viendra-t-il ?

....

....

3. Les journalistes ne peuvent affirmer ce point : les belligérants vont-ils signer un « cessez-le-feu » ?

....

....

4. Pourquoi Manon n'est-elle pas venue au cinéma hier soir ? Elle ne me l'a pas dit !

....

....

4 ★★ Relevez toutes les propositions subordonnées et indiquez leur fonction.

Hector, entre les deux agents, se mit en route. [...] Il expliqua qu'il allait rentrer, qu'il avait renversé une femme, que ce n'était rien. [...] Quand il sut qu'elle n'était pas morte, Hector reprit espoir et promit de subvenir aux frais de sa guérison. (MAUPASSANT)

....

....

....

....

....

....

5 ★★ Transformez ces phrases afin d'obtenir des propositions subordonnées infinitives.

1. Je vois que tu manges tous mes chocolats !

....

2. Les élèves, en entendant que le professeur arrive, se taisent et font semblant de travailler.

....

....

3. J'aime écouter cet orchestre lorsqu'il interprète de vieux airs de jazz.

....

....

6 ★★ Transformez les deux propositions indépendantes en une phrase complexe, puis identifiez la nature et la fonction de la proposition subordonnée obtenue.

1. Il réussira à se connecter à Internet ; il l'espère.

....

2. Au printemps, les oiseaux chantent à mon balcon. J'aime bien les entendre.

....

....

3. Je me le demande tout de même : cet ordinateur soldé est-il fiable ?

....

....

7 ★★★ Lisez l'extrait suivant.

Ses paroles glissèrent sur moi sans laisser de trace. J'étais chargée de rancune, je pensais qu'elle était une paysanne, une nhà-quê, et qu'elle le demeurerait à jamais.

Kim LEFÈVRE, *Métisse blanche*, éd. Phébus, 2008.

1. Quelle est la nature et la fonction des propositions « qu'elle était une paysanne, une nhà-quê » et « qu'elle le demeurerait à jamais » ?

....

....

2. Identifiez et justifiez le temps des verbes.

....

....

Auto évaluation Très bien ☐ Bien ☐ Pas assez bien ☐

16 Voix active et voix passive

→ Corrigés p. III

Observer et retenir

Voix active

Le sujet du verbe **accomplit** l'action.

→ *Sabrina* (sujet) *a apprécié* *la vidéo* (COD).

Exemples

Les manifestants déploient les banderoles. (déploient : indicatif présent)

À Noël, les parents avaient gâté leurs enfants. (avaient gâté : indicatif plus-que-parfait)

Voix passive

Le sujet **subit** l'action. Le complément d'agent l'accomplit.

→ *La vidéo* (sujet) *a été appréciée* *par Sabrina* (complément d'agent).

Exemples

Les banderoles sont déployées par les manifestants. (sont déployées : indicatif présent)

À Noël, les enfants avaient été gâtés par leurs parents. (avaient été gâtés : indicatif plus-que-parfait)

- La voix passive se forme à l'aide de l'auxiliaire **être** ou **avoir** au temps du verbe de la phrase active, suivi du **participe passé** de ce verbe (que l'on accorde avec le sujet).

S'entraîner

1 ★ Complétez les phrases suivantes en conjuguant le verbe entre parenthèses au temps et à la voix indiqués, au mode indicatif.

1. Après avoir débroussaillé les collines, les forestiers → .... des plantations (*se charger*, passé composé, voix active).

2. Dans la nuit, le poste de commandement ennemi → .... par une attaque des alliés (*détruire*, passé simple, voix passive).

3. Les manuels qui → .... ne sont toujours pas arrivés (*commander*, plus-que-parfait, voix passive) !

4. Sans doute → ....-nous à l'heure du dîner (*arriver*, futur, voix active).

5. De nouvelles terres → .... par les pionniers espagnols (*conquérir*, passé composé, voix passive).

2 ★★ Identifiez le mode, le temps et la voix des formes verbales suivantes.

1. ils sont déplacés → ....
2. vous avez été écoutés → ....
3. on soit applaudi → ....
4. vous fûtes découverts → ....
5. je réussirai → ....
6. ils étaient trompés → ....
7. elle sera déclamée → ....
8. nous avions été appréciés → ....

3 ★★ Transformez les phrases suivantes à la voix active.

1. La nouvelle de son enlèvement a été divulguée par les journalistes.

....

....

2. J'étais agacé de sa lenteur.

....

3. Des affiches avaient été collées un peu partout en ville pour les élections.

....

....

4. Chaque semaine, la boîte aux lettres est remplie de prospectus.

....

....

5. À l'occasion du festival de la BD, de nombreux dessinateurs seront invités par la ville.

....

....

6. Cet enfant aurait dû être félicité par ses parents !

....

7. La clé du cadenas aura été perdue par Simon.

....

4 ★★★ Transformez les phrases suivantes à la voix passive et soulignez le complément d'agent.

1. Le décor avait déçu la majorité d'entre vous.

....

2. La salle tout entière suivait attentivement le déroulement de la pièce.

....

....

3. Avant la saison touristique, les agents municipaux nettoient consciencieusement les plages.

....

....

4. On aurait volé *La Joconde* !

....

5. Qui l'a cassé ?

....

6. Il ne faut pas que l'on mentionne ses déboires avec la justice dans les journaux !

....

....

5 ★★★ Lisez l'extrait suivant.

Ce fut dans l'une de ces chambres construites depuis un an, et chef-d'œuvre du général Fabio Conti, laquelle avait reçu le beau nom d'*Obéissance passive*, que Fabrice fut introduit. Il courut aux fenêtres ; la vue qu'on avait de ces fenêtres grillées était sublime : un seul petit coin de l'horizon était caché, vers le nord-ouest, par le toit en galerie du joli palais du gouverneur, qui n'avait que deux étages ; le rez-de-chaussée était occupé par les bureaux de l'état-major [...].

STENDHAL, *La Chartreuse de Parme*.

1. « Fabrice fut introduit » :

a. Transformez cette proposition à la voix active.

....

b. Quel sujet avez-vous utilisé ? Pourquoi ?

....

....

....

2. a. Transposez les deux propositions soulignées à la voix active.

....

....

....

b. À votre avis, pourquoi le narrateur a-t-il préféré l'emploi de phrases passives ?

....

....

6 ★★★ Lisez l'extrait suivant.

Aussitôt le public envahit le terrain. Les joueurs de Maupiti furent embrassés, portés en triomphe.

Claude ENER, *Maupiti*, éd. Arthaud, 1969.

1. Récrivez la deuxième phrase à la voix active.

....

....

2. Pour quelle raison l'auteur a-t-il préféré écrire cette phrase à la voix passive ?

....

....

....

Auto évaluation Très bien ☐ Bien ☐ Pas assez bien ☐

17 Adjectif verbal/participe présent/gérondif

→ Corrigés p. IV

Observer et retenir

■ **L'adjectif verbal** est formé du radical du verbe et du suffixe « -ant » ou « -ent ».
C'est une forme adjectivale qui remplit les mêmes fonctions que l'adjectif.
Il s'accorde en genre et en nombre avec le nom qu'il accompagne.

Exemple *Nous avons installé une fenêtre coulissante.*

■ Le **participe présent** est formé du radical du verbe et du suffixe « -ant ».
C'est une forme verbale. Il peut donc être accompagné d'un sujet, d'un COD, etc., et être le noyau d'une proposition participiale.
Il est invariable.

Exemple *Les personnes désirant faire appel doivent remplir un dossier.*

■ Un **gérondif** est un participe présent précédé du terme *en*.

Exemple *Il s'exprime en hurlant.*

Remarque
Le participe présent et l'adjectif verbal d'un même verbe n'ont pas toujours la même forme : *fatiguant* (part. prés.) et *fatigant* (adj. verb.) ; *convainquant* (part. prés.) et *convaincant* (adj. verb.).

S'entraîner

1 ★ Les mots en rouge sont-ils des adjectifs verbaux, des participes présents ou des gérondifs ?

1. D'une voix hésitante, elle a annoncé qu'elle renonçait au voyage. → ....
2. En cherchant bien, tu finiras par trouver. → ....
3. Les candidats se présentant en retard seront disqualifiés. → ....
4. Trois déflagrations assourdissantes retentirent dans le quartier. → ....

2 ★★ Complétez les formes suivantes en faisant les accords nécessaires.

1. Cette attitude provo.......... risque de t'attirer les foudres du patron.
2. En provo.......... une avalanche, les skieurs hors piste ont mis en danger la vie de dizaines de personnes.
3. Differ.......... sans cesse le départ de l'ascension, l'alpiniste a finalement renoncé à gravir l'Annapurna.
4. Votre intérieur est très differ.......... du mien.
5. En nag.......... de cette manière, tu vas finir au fond de l'océan !

3 ★★★ Lisez l'extrait suivant.

Bien qu'il eût encore une demi-heure de travail, il se rhabilla. Les autres l'imitèrent. La vue seule de la taille les jetait hors d'eux. Comme la herscheuse s'était remise au roulage, ils l'appelèrent en s'irritant de son zèle : si le charbon avait des pieds, il sortirait tout seul. Et les six, leurs outils sous le bras, partirent, ayant à refaire les deux kilomètres, retournant au puits par la route du matin.

Émile ZOLA, *Germinal*.

1. Relevez un gérondif.

....

....

....

....

....

2. Remplacez la proposition subordonnée conjonctive « comme la herscheuse s'était remise au roulage » par une proposition participiale.

....

....

....

....

....

Auto évaluation Très bien ☐ Bien ☐ Pas assez bien ☐

18 L'indicatif passé simple : les conjugaisons

→ Corrigés p. IV

Observer et retenir

■ Au passé simple, il existe plusieurs types de conjugaison.
Identifiez bien à quelle catégorie un verbe appartient avant de le conjuguer !

Attention
N'oubliez pas l'accent circonflexe pour la première et la deuxième personne du pluriel.

- **Verbes du 1er groupe** : je not**ai**, tu not**as**, il not**a**, nous not**âmes**, vous not**âtes**, ils not**èrent**.
- **Verbes du 2e groupe** : je réuss**is**, tu réuss**is**, il réuss**it**, nous réuss**îmes**, vous réuss**îtes**, ils réuss**irent**.
- **Verbes du 3e groupe** : j'écri**vis**, tu écri**vis**, il écri**vit**, nous écri**vîmes**, vous écri**vîtes**, ils écri**virent**.

Je l**us**, tu l**us**, il l**ut**, nous l**ûmes**, vous l**ûtes**, ils l**urent**.
Je v**ins**, tu v**ins**, il v**int**, nous v**înmes**, vous v**întes**, ils v**inrent**.

S'entraîner

1 ★★ Conjuguez les verbes suivants au passé simple de l'indicatif, à la 1re et à la 3e personne du pluriel.

1. appeler :
.... ; ....
2. faire :
.... ; ....
3. partir :
.... ; ....
4. retenir :
.... ; ....
5. croire :
.... ; ....
6. dire :
.... ; ....
7. prendre :
.... ; ....

2 ★★ Pour retrouver le texte original, conjuguez les verbes entre parenthèses au passé simple.

C'était d'ailleurs une nuit affreuse : le vent hurlait, la pluie battait les vitres. Soudain, parmi tout le vacarme de la tempête *(jaillir)* .... le hurlement sauvage d'une femme dans l'épouvante. Je *(reconnaître)* .... la voix de ma sœur. Je *(sauter)* .... à bas de mon lit, m'*(envelopper)* .... d'un châle, et me *(précipiter)* .... dans le couloir. Au moment où j'*(ouvrir)* .... ma porte, il me *(sembler)* .... entendre le sifflement étouffé que ma sœur m'avait décrit, puis une ou deux secondes plus tard, un son métallique comme si un lourd objet de métal était tombé.

Arthur Conan DOYLE, « Le Ruban moucheté », *Trois Aventures de Sherlock Holmes*.

3 ★★★ Lisez l'extrait suivant, puis récrivez-le en employant le passé simple de l'indicatif.

Derrière Winston, la voix du télécran continuait à débiter des renseignements sur la fonte et sur le dépassement des prévisions pour le neuvième plan triennal. Le télécran recevait et transmettait simultanément. Il captait tous les sons émis par Winston au-dessus d'un chuchotement très bas. De plus, tant que Winston demeurait dans le champ de vision de la plaque de métal, il pouvait être vu aussi bien qu'entendu.

George ORWELL, *1984*, trad. Amélie Audiberti, © Éditions Gallimard, 1948.

....
....

Auto évaluation — Très bien ☐ Bien ☐ Pas assez bien ☐

19 L'indicatif présent : les verbes difficiles

→ Corrigés p. IV

Observer et retenir

Terminaisons

Verbes du 1er groupe	Verbes du 3e groupe		
Verbes en *-er*	Verbes en *-ir, -oir, -re, -indre, -soudre*	Autres verbes en *-dre*	*pouvoir, vouloir, valoir*
-e, -es, -e	-s, -s, -t	-ds, -ds, -d	-x, -x, -t
-ons, -ez, -ent	-ons, -ez, -ent	-ons, -ez, -ent	-ons, -ez, -ent

Exemple *coudre* → *je couds* (verbe en « -dre ») ; *peindre* → *je peins* (verbe en « -indre »).

Cas particuliers

- Attention aux accents et au nombre de consonnes :

céder	acheter	appeler	jeter
je cède	j'achète	j'appelle	je jette
tu cèdes	tu achètes	tu appelles	tu jettes
il cède	il achète	il appelle	il jette
nous cédons	nous achetons	nous appelons	nous jetons
vous cédez	vous achetez	vous appelez	vous jetez
ils cèdent	ils achètent	ils appellent	ils jettent

- Se conjuguent comme **céder** : *accéder, accélérer, aérer, assécher, chronométrer, célébrer, compléter, décéder, décréter, espérer, exagérer, imprégner, intégrer, interpréter, opérer, pénétrer, persévérer, précéder, récupérer, succéder*.
- Se conjuguent comme **acheter** : *fureter, geler, haleter, harceler, marteler, peler, modeler*.
- Se conjuguent comme **appeler** ou **jeter** : *amonceler, chanceler, dételer, ensorceler, épeler, feuilleter, jumeler, renouveler, ruisseler*.

Attention

– Les verbes en **-aître** (+ plaire) prennent un accent circonflexe à la 3e pers. sing. : *il connaît, il plaît.* On tolère néanmoins l'absence d'accent dans ce cas.

– Les verbes en **-cer** prennent une cédille devant ***a***, ***o***, ***u*** : *je commence/nous commençons.*

– Les verbes en **-ger** prennent un ***e*** devant ***a***, ***o***, ***u*** : *tu manges/nous mangeons.*

– Les verbes en **-guer** et **-quer** gardent le ***u*** : *nous manquons, nous voguons.*

S'entraîner

1 ★ Soulignez les verbes conjugués à l'indicatif présent et indiquez à quel groupe de verbes ils appartiennent.

1. Iphis voit à l'église un soulier d'une nouvelle mode ; il regarde le sien et en rougit ; il ne se croit plus habillé. [...] Il met du rouge, mais rarement, il n'en fait pas habitude.
LA BRUYÈRE, *Les Caractères*.

....

2. J'entends Théodecte de l'antichambre ; il grossit sa voix à mesure qu'il s'approche ; le voilà entré : il rit, il crie, il éclate.
LA BRUYÈRE, *Les Caractères*.

....

2 ★★ Conjuguez les verbes suivants à toutes les personnes de l'indicatif présent.

1. valoir

....

2. moudre

....

3. pincer

……………………

……………………

……………………

……………………

……………………

……………………

4. partager

……………………

……………………

……………………

……………………

……………………

……………………

5. essuyer

……………………

……………………

……………………

……………………

……………………

……………………

6. expliquer

……………………

……………………

……………………

……………………

……………………

……………………

3 ★★ Conjuguez les verbes entre parenthèses à l'indicatif présent.

1. Nos cousins *(projeter)* ……… de partir en vacances avec nous, mais nous *(rejeter)* ……… cette idée avec vigueur ! – **2.** Vous me *(rappeler)* ……… ma grand-mère, celle que j'*(appeler)* ……… « bonne-maman ». – **3.** Je *(procéder)* ……… à l'inventaire et vous, vous *(procéder)* ……… à la vérification. – **4.** Si tu *(persévérer)* ……… dans cette voie, tu réussiras ! – **5.** Je n'*(aimer)* → ……… pas quand il *(fureter)* → ……… ainsi partout ! – **6.** Même si tu *(aérer)* → ……… cette chambre, il y flottera toujours une odeur étrange. – **7.** Où *(aller)* ………-tu ? J'*(espérer)* ……… que tu seras de retour pour le dîner. – **8.** Je ne *(savoir)* ……… pas comment il fait, mais il *(ensorceler)* ……… toutes les femmes qu'il *(rencontrer)* ……….

4 ★★ Même consigne.

1. Vous *(pénétrer)* ……… maintenant dans la grotte où l'on a trouvé les dessins les plus anciens ; une atmosphère étrange l'*(imprégner)* ……… . – **2.** Comment *(interpréter)* ………-vous ce qu'il a dit ? Moi, je l'*(interpréter)* ……… mal ! – **3.** Nous *(accélérer)* ……… la cadence, mais il nous *(précéder)* ……… . – **4.** Nous vous *(rappeler)* ……… comme promis. – **5.** Nous *(assécher)* ……… les marais pour pouvoir cultiver. – **6.** Je *(mettre)* ……… un pull car il *(geler)* ……… – **7.** Les étoiles (étinceler) → ………, la pluie *(ruisseler)* ……… . – **8.** Je *(feuilleter)* ……… mon livre d'exercices et je *(chanceler)* ……… devant tant de travail en perspective !

5 ★★★ Toutes ces formes verbales sont correctes, mais à chaque fois une seule d'entre elles correspond à un indicatif présent : entourez-la.

1. nous courrons/je coure/il court/tu courrais.

2. je faillis/elle faillait/il faillît/nous faillissions.

3. tu meus/elle mouvra/nous mouvions/il mut.

4. elles sachent/sachons/elles savent/tu sus.

6 ★★★ Lisez l'extrait suivant, puis récrivez-le au présent de narration.

À midi, dans la cour de récréation, je me joignis à un groupe de garçons plus âgés et je les suivis partout, écoutant leur conversation, posant des questions sans fin. Pendant cette récréation de midi, j'appris tous les mots orduriers […] Et cependant lorsque la classe fut terminée, ce premier jour, je courus joyeusement à la maison, le cerveau chargé de connaissances d'un genre leste et corsé, mais sans une seule idée prise dans les livres. J'engloutis mon repas froid qui était resté sur la table, je saisis un morceau de savon et je me précipitai dans la rue, impatient de faire étalage de ce que j'avais appris à l'école durant la matinée. Allant d'une fenêtre à l'autre, j'écrivis en énormes lettres avec le savon les mots orduriers dont j'avais récemment fait l'acquisition.

Richard WRIGHT, *Black Boy*, trad. Marcel Duhamel,

……………………………………………

……………………………………………

……………………………………………

……………………………………………

……………………………………………

……………………………………………

……………………………………………

Auto évaluation Très bien ☐ Bien ☐ Pas assez bien ☐

20 Le subjonctif : les temps du passé

→ Corrigés p. IV

Observer et retenir

Les emplois dans les subordonnées

- Dans les propositions subordonnées conjonctives COD, le subjonctif est commandé par des verbes exprimant le doute, la volonté, le sentiment (douter, redouter, exiger, etc.).

Exemples 1. *Je pense qu'il est déjà parti.*
indicatif passé composé : action présentée comme réelle

2. *Je ne pense pas qu'il soit déjà parti.*
subjonctif passé : action présentée comme incertaine, pouvant ou non se réaliser

- Dans les propositions subordonnées conjonctives circonstancielles, le subjonctif est imposé par certaines conjonctions exprimant le temps, le but, la concession, la condition, la conséquence.

Exemple *Il s'enfuit avant qu'elle n'arrivât.*

- Dans les subordonnées relatives pour exprimer l'incertitude, l'éventualité.

Exemple Connais-tu quelqu'un qui ait fait ce voyage ?

Les conjugaisons

Pour former le subjonctif imparfait, aidez-vous de la forme du passé simple indicatif :
je vins → que je vinsse ; il prit → qu'il prît.

S'entraîner

1 ★ Conjuguez les verbes entre parenthèses au subjonctif passé.

1. Je veux que tu *(terminer)* .... tes devoirs quand je rentrerai ! – **2.** Il est possible que les fuyards *(se réfugier)* .... dans le maquis. – **3.** Il faut que nous *(cuire)* .... le sanglier pour vingt heures. – **4.** Mis à part le fait que vous *(confondre)* .... les deux routes, comment expliquez-vous un tel retard ?

2 ★★ Mettez ces formes à l'indicatif passé simple, puis au subjonctif imparfait.

1. il est → ....
2. tu as → ....
3. nous sommes → ....
4. elles viennent → ....
5. il regarde → ....
6. il grandit → ....
7. vous tenez → ....

3 ★★★ Lisez l'extrait suivant, puis analysez la forme « j'aie connue » et justifiez l'orthographe de « connue ».

Ma mère, que nous appelions Millie, et qui était bien la ménagère la plus méthodique que j'aie jamais connue, était entrée aussitôt dans les pièces remplies de paille poussiéreuse [...].

ALAIN-FOURNIER, *Le Grand Meaulnes*, éd. Fayard, 1971.

....
....
....
....
....
....
....
....
....
....
....
....

Auto évaluation Très bien ☐ Bien ☐ Pas assez bien ☐

GRAMMAIRE ET CONJUGAISON

1 Ne pas confondre nature et fonction p. 4

1 déterminant exclamatif : quel – conjonction de coordination : ou – pronom indéfini : personne – adverbe de quantité : trop de – déterminant indéfini : quelques – conjonction de subordination : qu' – adjectif qualificatif : ennuyeux.

2 **1.** CC cause – **2.** CC lieu – **3.** CC but – **4.** CC but – **5.** attribut du COD – **6.** attribut du sujet.

3 **1.** Cassandre : nom propre – **2.** les mouettes plonger dans l'eau : proposition subordonnée infinitive – **3.** qui viendra samedi : proposition subordonnée interrogative indirecte – **4.** que tu me racontes des histoires : proposition subordonnée conjonctive – **5.** vous : pronom personnel.

4

Nature	Fonction
Adverbe	CC temps
Groupe nominal	CC temps
Groupe prépositionnel	CC temps
Pronom personnel	COD
GN	COD
Verbe à l'infinitif	COD
Pronom interrogatif	Sujet
Pronom interrogatif	COD
Pronom interrogatif	COI

5 **1.** sa route (reprendre) ; la campagne ensommeillée (parcourut) ; un petit choc net (entendit) ; la pente (descendait) ; sa présence (éventé) ; une poignée de cresson (arracha) ; la langue (râpait).
2. Sous l'ample ruissellement de la clarté lunaire ; par toute l'étendue ; sur le sol ; Dans les prés gorgés d'eau ; au bord d'une fontaine qui luisait à travers des touffes d'herbes ; dans sa bouche.

6 **1.** CC manière – **2.** CC lieu – **3.** C d'agent – **4.** CC manière – **5.** C du nom – **6.** C d'agent – **7.** CC lieu – **8.** CC temps.

7 saugrenue : épithète d'« idée » – éprises : apposé au sujet « nous » – soudaine : épithète de « liberté » – approximative : épithète de « tente » – gros : épithète de « chêne » – grand : épithète de « vent » – sourd et continu : épithètes de « grondement » – inaudibles : attribut du COD « nos paroles ».

2 La fonction attribut p. 6

1 **1.** nerveuse – **3.** un long fleuve tranquille – **5.** rassurés – **6.** acariâtre – **9.** les bienvenus – **10.** fâché – **11.** que tu participes.

2 **1.** Le principal a déclaré l'inscription au cross du collège obligatoire. – **2.** Je tiens cette fille pour une menteuse. – **3.** Je trouve ton idée stupide ! – **4.** Fatou considère les échecs comme un jeu passionnant. – **5.** Jeanne est tellement myope qu'elle a pris ce lapin pour un écureuil ! – **6.** Tu le prends vraiment pour un imbécile ! – **7.** On considère ce coureur comme le favori du Tour de France. – **8.** Depuis qu'il est arrivé, nous voyons Pierre plus énervé de jour en jour… – **9.** Alia considère Aude comme sa sœur. – **10.** Les élèves de la troisième A ont élu Thomas délégué. – **11.** Tout ce qu'ils m'ont dit me laisse indifférente…

3 **1.** une espionne russe. Natacha est prise par tous pour une espionne russe. – **2.** quelqu'un de pondéré. Je suis considéré(e) comme quelqu'un de pondéré. – **3.** morte. Elle a été laissée pour morte par les enquêteurs. – **4.** encore plus malade. Il a été rendu encore plus malade par ce médicament. – **5.** fou. Il est cru fou par sa famille.

4 **1.** Attribut du COD « vous ». – **2.** Le professeur dit à Léa et à Pauline : « Je vous trouve bien agitées en ce moment ! ».

3 Les types de phrases p. 7

1 **a. 1.** Comme ce gâteau au chocolat est excellent pour le moral ! – **2.** Ce gâteau au chocolat est-il excellent pour le moral ? (inter. totale) – **b. 1.** Quelle réaction surprenante ! – **2.** Cette réaction t'a-t-elle surprise ? (inter. totale) – **c. 1.** Quelle sale bête, le chien de mes voisins ! – **2.** Comment est le chien de mes voisins ? (inter. partielle).

2 **1.** type déclaratif ; donner un ordre. – **2.** type exclamatif ; exprimer un sentiment. – **3.** type interrogatif ; interdire.

3 **1.** Il s'agit de trois phrases impératives – **2.** Elles expriment un danger imminent et l'inquiétude du locuteur.

4 Phrases simples et phrases complexes p. 8

1 **1.** 2 prop. juxtaposées – **2.** 2 prop. coordonnées – **3.** 2 prop. : une principale et une subordonnée – **4.** 2 prop. : une principale et une subordonnée – **5.** 3 prop. juxtaposées.

2 **1.** Je travaille trop si bien que je suis fatigué. – **2.** J'ignore à quelle heure tu viendras. – **3.** J'ai acheté le livre de Michel Déon, dont tu m'avais beaucoup parlé. – **4.** Vous ne pourrez pas naviguer aujourd'hui parce qu'il y a énormément de vent. – **5.** Nous vous promettons que nous ne cacherons plus jamais de souris dans votre lit.

3 **1.** Le raisin étant mûr : Quand le raisin est mûr, il faut faire les vendanges. – **2.** Arthur étant en retard : Comme Arthur était en retard, il n'a pas pu nous rejoindre. – **3.** Le train partant tout juste : Alors que le train partait tout juste, Amélie arriva essoufflée dans le hall de gare, son billet à la main.

4 **1.** que tu m'as offert : prop. sub. relative, épithète – **2.** Nos parents étant absents : prop. sub. participiale, CC cause – **3.** Le jour se levant : prop. sub. participiale, CC temps – **4.** Étant donné que Clara n'a rien fait ce trimestre : prop. sub. conjonctive, CC cause – **5.** afin que vous confirmiez notre rendez-vous : prop. sub. conjonctive, CC de but – **6.** Nathan raconter des bêtises : prop. sub. infinitive, COD – **7.** que tu peux recommencer cet exercice : prop. sub. conjonctive, COD.

5 **1.** Sors, je t'en prie ! – **2.** Nous ne savions pas quoi acheter, nous avons pris des éclairs au chocolat. – **3.** Fais tes devoirs, tu regarderas la télévision ensuite ! – **4.** A-t-elle été invitée à l'anniversaire de Capucine ? Je l'ignore. – **5.** Je dois me dépêcher, je suis garé en double file ! – **6.** Je n'avais plus de lait, je n'ai pas pu vous faire de crêpes !

6 **1.** Ils n'appellent plus/mais hurlent/des fenêtres commencent à s'allumer aux maisons voisines/des gens se fâchent. – **2.** Ils n'appellent plus mais hurlent **si bien que** des fenêtres commencent à s'allumer aux maisons voisines **et que** des gens se fâchent.

5 Les reprises nominales et pronominales — p.10

1 1. elles : fraises, poires – 2. certains : les enfants ; y : au bois de Belange – 3. le chef d'État : le président de la République – 4. le : où tu es allé.

2 1. la plupart : pronom indéfini – 2. les meilleurs amis des hommes : périphrase – 3. la tienne : pronom possessif – 4. le : pronom personnel.

3 1. les : un ou deux lézards ; ces insectes : des mouches ; leurs : les moyens des lézards. – 2. a. et b. les, ils, leur (pronoms personnels), charmant petit visiteur (périphrase). c. reptiles.

6 L'expression du temps et du lieu — p.11

1 1. L'an prochain : GN, date – 2. Alors qu'ils entraient dans le grenier : prop. sub. conjonctive, date – 3. en rentrant de Paris : gérondif, fréquence – 4. Dès que nous serons revenus de vacances : prop. sub. conjonctive, date.
Action simultanée : phrase 2 ; action antérieure : phrase 4.

2 Les compléments circonstanciels de lieu sont : « sur le bateau », « dans l'eau », « Dans le ciel ».
Les passagers semblent ballottés entre ciel et mer.

7 L'expression de la cause et de la conséquence — p.12

1 1. je suis encore un peu fatiguée : prop. indépendante juxtaposée – 2. À force de manger trop de bonbons : groupe prépositionnel – 3. Les voisins s'étant absentés : prop. sub. participiale.

2 1. cause, groupe prépositionnel – 2. cause, participe passé apposé – 3. conséquence, prop. sub. conjonctive.

3 1. « car son château avait une porte et des fenêtres ». La logique est surprenante : la cause avancée est absurde. Le ton du narrateur est ironique.
2. Monsieur le baron était un des plus puissants seigneurs de la Westphalie parce que son château avait une porte et des fenêtres. – Le château de monsieur le baron avait une porte et des fenêtres si bien qu'il était un des plus puissants seigneurs de la Wesphalie.

8 L'expression de l'opposition et de la concession — p.13

1 1. Au lieu de disparaître discrètement par l'escalier de service : groupe prépositionnel – 2. Alors que l'orage grondait au loin : prop. sub. conjonctive – 3. tout en conduisant : verbe au gérondif – 4. Quand bien même cette voiture nous plairait : prop. sub. conjonctive.

2 1. Il fait toujours froid alors que c'est le printemps. – 2. Quand bien même certaines grandes surfaces seraient ouvertes le 1er mai, je refuserais de faire les courses le jour de la fête du Travail. – 3. Alors qu'il fait froid, je n'ai pas pris mon blouson.

3 1. C'est un rapport d'opposition. – 2. Il avait bien essayé de se remettre à plaisanter, à fanfaronner, bien que le cœur n'y fût plus.

9 L'expression de la condition — p.14

1 1. La pluie cessant : prop. sub. participiale – 2. Si Léa ne vient pas : prop. sub. conjonctive – 3. En gagnant cette étape : gérondif – 4. Habillé de la sorte : adjectif épithète détaché – 5. Quiconque eût entendu cela : prop. sub. relative – 6. Sans palmes : groupe prépositionnel – 7. Si tu viens : prop. sub. conjonctive.

2 En connaissant son code, Julie aurait plus de chances d'avoir son permis. – La voiture révisée, nous ne risquerons pas d'avoir une panne. – Si tu vas au garage, peux-tu vérifier la pression des pneus ? – À moins d'une panne, nous arriverons à Paris à temps. – Prudent, il n'aurait pas eu d'accident.

3 1. faisais – 2. avait aperçu – 3. n'avait pas rencontré – 4. vous chargiez – 5. reste.

4 1. Si je n'avais pas eu de si grands pieds, j'aurais trouvé des espadrilles à ma taille ! – 2. Si j'avais su naviguer, j'aurais traversé la Manche. – 3. Si tu avais été gentille, on t'aurait invitée samedi soir. – 4. Si nous avions fait suffisamment d'économies, nous serions allés passer Noël à New York. – 5. S'il avait fait moins chaud, vous auriez passé de meilleures vacances.

5 1. Si tu ne les avais pas aidés, ils ne s'en seraient jamais sortis ! – 2. Si vous lui prêtez cet argent, il ne vous le rendra jamais ! – 3. Si les voitures fonctionnaient à l'éthanol, le pétrole aurait moins de valeur. – 4. Si tu ne me donnes pas ta recette, je ne peux pas préparer de fondant au chocolat.

6 1. Si seulement j'avais un million de dollars : prop. sub. conjonctive, CC de condition. Groupe prépositionnel : avec un million de dollars. – 2. Les verbes sont conjugués au conditionnel présent ; ils dépendent de la condition exprimée dans la prop. sub. conjonctive. On est dans le système hypothétique de l'irréel du présent.

10 Les connecteurs logiques — p.16

1 1. ou ; mais ; car – 2. néanmoins ; ou ; mais.

2 1. pourtant, cependant : opposition, contradiction – en effet : explication – 2. en effet, car : explication, cause.

3 c'est pourquoi – parce qu' – même si – en effet – bien qu'.

4 1. mais – 2. si bien que – 3. parce qu' – 4. car ; en effet.

5 1. eût – 2. fait – 3. habitions – 4. remplissez ; avez participé – 5. avait ; demanderons ; puisse.

6 1. de manière que : conjonction de subordination (conséquence) – tandis que : conjonction de subordination (opposition) – ainsi : adverbe (conséquence) – 2. a. si bien que, de sorte que, au point que ; b. nature : proposition subordonnée conjonctive ; fonction : CC conséquence ; c. Comme, cette année, la sécheresse fut très grande, les terres qui étaient dans des lieux élevés manquèrent absolument…

11 La situation d'énonciation — p.18

1 1. oui : je, mon, te, toi, tu, cette – 2. non – 3. non – 4. oui : ma, m', Je me, Vous, hier soir.

2 1. a. il y a quelque temps – b. bientôt – c. dans longtemps – 2. a. il y a longtemps – b. il y a quelque temps – c. cette année.

3 1. un journaliste à un navigateur – 2. un professeur à ses élèves – 3. un employé à son patron ou un subordonné à son supérieur – 4. un médecin à son patient – 5. un parent à son enfant – 6. un restaurateur ou un employé de restaurant à des clients.

4 1. Nous devons vous avouer que nous sommes ruinés. – 2. Rejoignez-moi. – 3. Ne pars pas ! – 4. Je suis venue, j'ai vu, j'ai vaincu. – 5. Je suis heureuse de vivre ici. – 6. Nous devons partir maintenant.

5 1. Le 1er juillet 2012, Île de la Réunion.
Cher Antoine,
Hier, j'ai pris l'avion pour venir passer mes vacances ici, sur l'île de la Réunion. Le soleil, les plages, la mer bleu lagon, j'y pense depuis des mois. Pourtant, hier matin, j'ai craint de ne pas voir mon rêve se réaliser : je ne trouvais plus mon billet ! Mais je l'ai retrouvé au fond de ma valise ! Aujourd'hui, je suis allongé dans un hamac au bord de l'eau… heureux !
À bientôt, peut-être…
Paul

Corrigés détachables

6 Nous parlons, il faut que nous parlions. C'est pourquoi nous nous adressons à lui, en lui disant : « Camarade, nous ne voulions pas te tuer. [...] Pardonne-nous, camarade ; comment as-tu pu être notre ennemi ? Si nous jetions ces armes et cet uniforme tu pourrais être notre frère. [...] » Son uniforme est encore entrouvert. Il est facile de trouver le portefeuille. Mais nous hésitons à l'ouvrir. Il y a là son livret militaire avec son nom. Tant que nous ignorons son nom, nous pourrons peut-être encore l'oublier.

12 Les expansions du nom _______ p.20

1 1. qui l'ombrageait : épithète de « un vieux noyer » ; qui : sujet de « ombrageait » – 2. qu'elle avait à se relever la nuit : épithète de « mal » ; qu' : COD de « avait » – 3. où l'on retrouve les éléments du bonnet à poil, du chapska, du chapeau rond : épithète de « une de ces coiffures » ; où : CC lieu de « retrouve ».

2 1. d'arriver : groupe prépositionnel – 2. d'aujourd'hui : groupe prépositionnel – 3. de Marseille : nom apposé – 4. aux artichauts : groupe prépositionnel ; de Nicolas : groupe prépositionnel – 5. du jour : groupe prépositionnel ; en skaï : groupe prépositionnel – 6. de la mode : groupe prépositionnel – 7. aux fraises : groupe prépositionnel – 8. Saint-Jean : nom apposé – 9. de Santorin : nom apposé.

3 1. adjectifs : « particulière », « anciennes » – compléments du nom (groupes prépositionnels) : « de tergal », « de ma mère », « à proximité du centre ». – 2. « Particulier » signifie : propre à une personne, spécifique, spécial, précis, qui appartient à une personne privée. 3. Ici, par opposition au commerce auquel le local était affecté avant (« Le commerce n'existe plus » ; « anciennes devantures »).

13 Rapporter des paroles dans un récit : distinguer le discours rapporté _______ p.21

1 Quand ils retrouvèrent la force de parler :
« Léon, dit la jeune femme (j'ai oublié de dire qu'elle était jeune et jolie), Léon, quel bonheur ! Jamais je ne vous aurais reconnu sous ces lunettes bleues.
– Quel bonheur ! dit Léon. Jamais je ne vous aurais reconnue sous ce voile noir.
– Quel bonheur ! reprit-elle. Prenons vite nos places ; si le chemin de fer allait partir sans nous !... (Et elle lui serra le bras fortement.) On ne se doute de rien. »

2 1. déclara, claironna, annonça – 2. demanda – 3. répondit – 4. crier.

3 1. Mon frère m'assura : « Mathieu n'est pas passé pendant ton absence. » – 2. L'apprenti couvreur demande à son patron : « Serai-je assuré pour monter sur le toit des maisons ? » – 3. Le moniteur de conduite confirma à ses élèves : « Vous pourrez passer votre permis de conduire dès la prochaine session. »

14 Rapporter des paroles dans un récit : passer d'un discours à l'autre _______ p.22

1 1. a et c – 2. b – 3. b et c.

2 1. répondit, ils étaient, ils attendraient – 2. marmonna, c'était – 3. fit remarquer, avaient peut-être eu, n'avaient pas pu – 4. entra, hurla, se vengerait, regretteraient – 5. ajouta, allaient, avait – 6. rétorqua, concernait, avait jamais eu.

3 1. Il lui répète de ne pas manger toutes les truffes au chocolat, d'en garder pour sa sœur. – 2. Le démarcheur lui demanda si elle ne désirait vraiment pas acheter l'un des aspirateurs et il lui proposa de réfléchir jusqu'au lendemain. – 3. Le message que David nous a laissé sur le répondeur nous disait de ne pas nous inquiéter, qu'il ne pouvait pas passer nous voir le jour même, mais qu'il nous rappellerait le lendemain soir.

4 Discours indirect : « On eut beau lui expliquer [...] chez elle. »
On eut beau lui expliquer : « La maladie vous coûtera très cher, si vous prenez votre mari chez vous. »

5 1. le discours indirect (« elle disait aussitôt que oui ») et le discours direct (entre guillemets) – 2. Elle me disait que c'était une merveilleuse idée, qu'il fallait se divertir et jouir de la vie tandis que nous étions en vie et qu'il était vraiment fou d'être sages et de rester calfeutrés à la maison, comme des vieux, et qu'elle était prête, qu'elle n'avait que son chapeau à mettre.

15 Les propositions subordonnées compléments d'objet _______ p.24

1 1. que tu te moques de moi – 3. que tu m'offrais une voiture décapotable – 5. qu'il ne remporte pas la médaille d'or ; qu'il fasse du mieux qu'il pourra – 7. que l'on rit si librement au théâtre ; que l'on a honte d'y pleurer.

2 1. ayez pu – 2. rendions ; soit – 3. aie été puni – 4. dise ; montre – 5. réagisse ; fasse – 6. tournait.

3 1. Je me suis demandé s'il se moquait de moi. – 2. Ophélie ignorait encore tout à l'heure si Paul viendrait. – 3. Les journalistes ne peuvent affirmer si les belligérants vont signer un « cessez-le-feu ». – 4. Tu ne m'as pas dit pourquoi Manon n'était pas venue au cinéma hier soir.

4 qu'il allait rentrer, qu'il avait renversé une femme, que ce n'était rien : COD de « expliqua » ; qu'elle n'était pas morte : COD de « sut ».

5 1. Je te vois manger tous mes chocolats ! – 2. Les élèves, en entendant le professeur arriver, se taisent et font semblant de travailler. – 3. J'aime écouter cet orchestre interpréter de vieux airs de jazz.

6 1. Il espère qu'il réussira à se connecter à Internet. (proposition subordonnée conjonctive ; COD de « espère »). – 2. Au printemps, j'aime bien entendre les oiseaux chanter à mon balcon (proposition subordonnée infinitive ; COD de « entendre »). – 3. Je me demande tout de même si cet ordinateur soldé est fiable (proposition subordonnée interrogative indirecte ; COD de « me demande »).

7 1. Propositions subordonnées conjonctives, COD du verbe « je pensais ». – 2. On est dans une concordance au passé : l'imparfait est ici l'équivalent d'un présent dans une concordance présent et le conditionnel présent exprime une action postérieure (un futur).

16 Voix active et voix passive _______ p.26

1 1. se sont chargés – 2. fut détruit – 3. avaient été commandés – 4. arriverons – 5. ont été conquises.

2 1. indicatif présent, voix passive – 2. indicatif passé composé, voix passive – 3. subjonctif présent, voix passive – 4. indicatif passé simple, voix passive – 5. indicatif futur, voix active – 6. indicatif imparfait, voix passive – 7. indicatif futur, voix passive – 8. indicatif plus-que-parfait, voix passive.

3 1. Les journalistes ont divulgué la nouvelle de son enlèvement. – 2. Sa lenteur m'agaçait. – 3. On avait collé des affiches un peu partout en ville pour les élections. – 4. Chaque semaine, on remplit la boîte aux lettres de prospectus./Les prospectus remplissent la boîte aux lettres chaque semaine. – 5. À l'occasion du festival de la BD, la ville invitera de nombreux dessinateurs. – 6. Ces parents auraient dû féliciter leur enfant ! – 7. Simon aura perdu la clé du cadenas.

4 1. La majorité d'entre vous avait été déçue par le décor. – 2. Le déroulement de la pièce était suivi attentivement par la salle tout entière. – 3. Avant la saison touristique, les plages sont nettoyées consciencieusement par les agents municipaux. – 4. *La Joconde* aurait été volée ! – 5. Par qui

a-t-il été cassé ? – 6. Il ne faut pas que ses déboires avec la justice soient mentionnés dans les journaux !

5 1. a. On introduisit Fabrice. – b. Le pronom « on », car il n'y avait pas de complément d'agent exprimé. – 2. a. le toit en galerie du joli palais du gouverneur, qui n'avait que deux étages, cachait, vers le nord-ouest, un seul petit coin de l'horizon ; les bureaux de l'état-major occupaient le rez-de-chaussée – b. La voix passive met en relief les éléments de décor que Fabrice aperçoit par la fenêtre : « le toit en galerie du joli palais du gouverneur » et « les bureaux de l'état-major ».

6 1. On embrassa les joueurs de Maupiti, on les porta en triomphe. – 2. La voix passive insiste sur le fait que les joueurs ne contrôlent plus rien, qu'ils subissent la joie de leurs supporters.

17 Adjectif verbal/participe présent/gérondif p.28

1 1. adj. verbal – 2. gérondif – 3. participe présent – 4. adj. verbal.

2 1. provocante – 2. provoquant – 3. différant – 4. différent – 5. nageant.

3 1. en s'irritant – 2. la herscheuse s'étant remise au roulage.

18 L'indicatif passé simple : les conjugaisons p.29

1 1. nous appelâmes ; ils appelèrent – 2. nous fîmes ; ils firent – 3. nous partîmes ; ils partirent – 4. nous retînmes ; ils retinrent – 5. nous crûmes ; ils crurent – 6. nous dîmes ; ils dirent – 7. nous prîmes ; ils prirent.

2 jaillit – reconnus – sautai – enveloppai – précipitai – ouvris – sembla.

3 Derrière Winston, la voix du télécran continua à débiter des renseignements sur la fonte et sur le dépassement des prévisions pour le neuvième plan triennal. Le télécran reçut et transmit simultanément. Il capta tous les sons émis par Winston au-dessus d'un chuchotement très bas. De plus, tant que Winston demeura dans le champ de vision de la plaque de métal, il put être vu aussi bien qu'entendu.

19 L'indicatif présent : les verbes difficiles p.30

1 1. voit : verbe du 3e groupe – regarde : verbe du 1er groupe – rougit : verbe du 2e groupe – se croit : verbe du 3e groupe – met : verbe du 3e groupe – fait : verbe du 3e groupe – 2. entends : verbe du 3e groupe – grossit : verbe du 2e groupe – s'approche : verbe du 1er groupe – rit : verbe du 2e groupe – crie : verbe du 1er groupe – éclate : verbe du 1er groupe.

2 1. je vaux, tu vaux, il vaut, nous valons, vous valez, ils valent. – 2. je mouds, tu mouds, il moud, nous moulons, vous moulez, ils moulent. – 3. je pince, tu pinces, il pince, nous pinçons, vous pincez, ils pincent. – 4. je partage, tu partages, il partage, nous partageons, vous partagez, ils partagent. – 5. j'essuie, tu essuies, il essuie, nous essuyons, vous essuyez, ils essuient. – 6. j'explique, tu expliques, il explique, nous expliquons, vous expliquez, ils expliquent.

3 1. projettent ; rejetons – 2. rappelez ; appelle – 3. procède ; procédez – 4. persévères – 5. aime ; furète – 6. aères – 7. vas ; espère – 8. sais ; ensorcelle ; rencontre.

4 1. pénétrez ; imprègne – 2. interprétez ; interprète – 3. accélérons ; précède – 4. rappelons – 5. asséchons – 6. mets ; gèle – 7. étincellent ; ruisselle – 8. feuillette ; chancelle.

5 1. il court – 2. je faillis – 3. tu meus – 4. elles savent.

6 1. je me joins – je suis – j'apprends – est terminée – je cours – j'engloutis – est resté – je saisis – je me précipite – j'ai appris – j'écris – j'ai fait.

Rappel
L'antériorité, qui s'exprime au plus-que-parfait dans une concordance passé, se traduit par le passé composé dans une concordance présent.

20 Le subjonctif : les temps du passé p.32

1 1. tu aies terminé – 2. se soient réfugiés – 3. nous ayons cuit – 4. vous ayez confondu.

2 1. il fut, qu'il fût – 2. tu eus, que tu eusses – 3. nous fûmes, que nous fussions – 4. elles vinrent, qu'elles vinssent – 5. il regarda, qu'il regardât – 6. il grandit, qu'il grandît – 7. vous tîntes, que vous tinssiez.

3 C'est un subjonctif passé, 1re personne du singulier. Le participe passé s'accorde avec le COD, placé devant « que », qui reprend « la ménagère la plus méthodique ».

21 Distinguer les valeurs du présent p.33

1 1. présent de vérité générale – 2. présent à valeur de passé proche – 3. présent itératif – 4. présent de vérité générale.

2 Présent d'énonciation : le narrateur coupe son récit au passé pour introduire des commentaires.

3 1. Le narrateur est Jacques ; « je crois » correspond au moment de l'énonciation ; c'est un commentaire qui s'adresse à son interlocuteur. – 2. Le récit est au passé (« on me jeta »). – 3. Tout un passage est conjugué au présent de narration : Jacques veut donner plus de vie à son récit, donner à son auditeur le sentiment de voir la scène se dérouler sous ses yeux.

22 Employer les temps du passé p.34

1 était : description – coûtait : description – faisait : répétition – était : description – prenait : répétition – demandait : répétition.

2 1. Actions de 1er plan : découvris ; éprouvai ; éteignis ; tins ; décidai ; tournai – 2. Actions d'arrière-plan : menait ; devait pas dépasser ; étaient disposés ; postulait ; était ; était ; s'amplifiait ; se déchaînait.

3 répondit – équarrissaient – allaient – séparait – entendirent – dirigea – chercha – aperçut – lisait.

4 1. « Il suivait [...] triste pensée. » Théramène suggère la mélancolie, le désespoir ; le départ est montré dans son déroulement. – 2. Théramène rapporte oralement les faits ; le style « parlé » rend le récit plus touchant.

5 trouvèrent, couvrirent, déplièrent, comblèrent : passé simple ; ce sont des actions ponctuelles et successives qui font progresser le récit – avait repris : plus-que-parfait ; c'est une action achevée – était, rappelait : imparfait à valeur de description.

6 1. et 2. Le verbe au passé simple de l'indicatif, « arriva », correspond à une action de premier plan, qui fait progresser le récit. C'est le fait qui est mis en valeur. Le verbe à l'imparfait de l'indicatif, « tenait », correspond à une description. Les autres verbes, au plus-que-parfait de l'indicatif, correspondent à des actions qui se sont déroulées antérieurement.

23 Mettre en relief p.36

1 1. voix passive : cette nouvelle – 2. redoublement par un pronom : cette nouvelle – 3. présentatif : moi.

2 Hier, il est arrivé à l'heure.

Nouveau
Cahier du jour
Cahier du soir

Mémento visuel
Français 3e

À détacher et à conserver toute l'année !

Valeurs du présent

Le présent de l'indicatif prend des valeurs différentes selon le contexte.

Présent d'énonciation (ou d'actualité)

Correspond au moment où l'on parle.

Il fait froid aujourd'hui.

Présent de vérité générale

Fait toujours valable, théorème, définition.

Les lémuriens sont des primates.

Présent d'habitude

Action qui se répète.

Le dimanche, nous jouons au football.

Passé proche

L'action vient tout juste de se produire.

Il part à l'instant.

Futur proche

L'action va se produire de façon imminente.

J'arrive dans deux minutes !

Présent de narration

Dans un récit au passé, rend une scène plus vivante, plus spectaculaire.

L'ennemi avançait imperturbablement quand l'un des nôtres ouvre le feu.

Compléments circonstanciels

CONSÉQUENCE
J'ai beaucoup lu, **si bien que je suis savant**.

MOYEN
Je lis **avec des lunettes**.

BUT
Je lis **pour me divertir**.

MANIÈRE
Je lis **avec une grande concentration**.

CONCESSION OPPOSITION
Je lis **bien qu'il soit tard**.

COMPARAISON
Je lis **comme toi**.

LIEU
Je lis **dans le jardin**.

CONDITION
Je lirai ce roman **si tu me le prêtes**.

CAUSE
Je lis **car j'aime ça** !

TEMPS
Je lis **tous les soirs**.

Passé simple de l'indicatif

Verbes du 1er groupe + *aller*	Verbes du 2e groupe (*-ir/-issant*) + certains verbes du 3e : *offrir, cueillir, partir, voir, mettre, faire, peindre, prendre…*
Je chant**ai**	Je fin**is**
Tu chant**as**	Tu fin**is**
Il/Elle chant**a**	Il/Elle fin**it**
Nous chant**âmes**	Nous fin**îmes**
Vous chant**âtes**	Vous fin**îtes**
Ils/Elles chant**èrent**	Ils/Elles fin**irent**

Verbes du 3e groupe : *savoir, pouvoir, croire, lire…*	Verbes du 3e groupe en *-enir* : *tenir, venir…*
Je l**us**	Je v**ins**
Tu l**us**	Tu v**ins**
Il/Elle l**ut**	Il/Elle v**int**
Nous l**ûmes**	Nous v**înmes**
Vous l**ûtes**	Vous v**întes**
Ils/Elles l**urent**	Ils/Elles v**inrent**

Être → je fus, tu fus, elle/il fut, nous fûmes, vous fûtes, ils/elles furent

Avoir → j'eus, tu eus, il/elle eut, nous eûmes, vous eûtes, ils/elles eurent

Connecteurs logiques

But

pour que, afin que, dans l'espoir que…

Conséquence, conclusion

donc, ainsi, c'est pourquoi, par conséquent…

Opposition, concession

mais, pourtant, malgré, cependant, en revanche, quoique, bien que…

Cause, explication

car, vu que, étant donné que, parce que, puisque…

Addition

puis, ensuite, de plus, premièrement, deuxièmement…

Condition, hypothèse

si, à condition que, dans l'hypothèse où…

Analogie, comparaison

ainsi, de même, comme…

Propositions subordonnées

Proposition principale

INFINITIVE

Pas de subordonnant

Le sujet du verbe à l'infinitif est différent du sujet du verbe principal.

J'entends les enfants discuter.

PARTICIPIALE

Pas de subordonnant

Le sujet du verbe au participe est différent du sujet du verbe principal.

Le soleil étant couché, nous sommes rentrés.

RELATIVE

pronom relatif

Le plat que Paul a cuisiné est appétissant.

INTERROGATIVE INDIRECTE

***si* ou autre mot interrogatif**

Pas de point d'interrogation.

Je me demande si elle va venir.

CONJONCTIVE

Complétive

que

Pour compléter le verbe.

J'aimerais que tu m'aides.

Circonstancielle

conjonction de subordination

Pour préciser une circonstance.

Paolo viendra quand il aura terminé ses devoirs.

Accorder le participe passé

Verbes non pronominaux

Auxiliaire *être*

On accorde le participe passé avec le sujet.

*Les cigognes **sont** parties.*

Auxiliaire *avoir*

On **repère** le COD.

- Le **COD** est placé **après** le participe passé.
  - **On n'accorde pas.**
  - *J'**ai** vu une **cigogne**.*
- Le **COD** est placé **avant** le participe passé.
  - **On accorde le participe passé avec le COD.**
  - *C'est la **cigogne** que j'**ai** vue.*

Pas d'auxiliaire

On accorde le participe passé avec le nom auquel il se rapporte.

La cigogne effrayée prend son envol.

Verbes pronominaux

Verbes essentiellement pronominaux

On accorde le participe passé avec le sujet.

La cigogne s'est envolée.

Verbes pronominaux de sens passif

On accorde le participe passé avec le sujet.

Les vélos se sont très bien vendus.

Autres verbes pronominaux

- Le pronom réfléchi *se* est COD.
  - **On accorde le participe passé avec le sujet.**
  - *Ils se sont vus au cinéma.*
- Le COD est différent du pronom réfléchi *se*.
  - **On accorde le participe passé avec le COD seulement s'il est placé devant.**
  - *Ils se sont envoyé des messages.*
  - *Voici les messages qu'ils se sont envoyés.*

Phrase emphatique

Présentatif

→ *C'est* ***le monstre*** *qui nous terrorise.*

Pour mettre en valeur un élément de la phrase

Redoublement de l'élément

Ce monstre, il fait peur !

Inversion du sujet

Alors, arrive le monstre…

Position en début de phrase et détachement par une virgule

Le monstre, bien souvent,
a une mauvaise réputation.

Valeurs du conditionnel présent

Le conditionnel présent peut exprimer…

Futur dans le passé

J'ai promis que tu ***viendrais****.*

Conseil, demande atténuée

Tu ***devrais*** *apprendre tes leçons !*

Fait incertain, éventuel

Elle ***pourrait*** *venir ce soir.*

Hypothèse soumise à une condition

Potentiel (fait réalisable)

S'il faisait beau demain, nous ***irions*** *à la plage.*

Irréel présent (fait non réalisable)

Si je vivais aux Bahamas, je ***nagerais*** *tous les jours.*

3 1. Le regard est arrêté par la main du père. – 2. On repère une tournure présentative : ce qui... c'est (forme emphatique). – 3. Elle est émue par la tendresse avec laquelle son père la protège.

24 Thème et propos p. 37

1 1. progression linéaire – 2. progression à thème constant.

2 Le thème de la première phrase doit être le château. Puis chaque phrase doit apporter une information sur les éléments le composant : galerie, chambre du roi, escalier, cuisines.

3 Le thème de toutes les phrases du paragraphe sera la ville (ou le pays) choisie. Pensez à utiliser des reprises nominales et pronominales pour éviter les répétitions.

25 L'expression de la subjectivité p. 38

1 traditionnellement, frais, tendre, expertes, délicatement, conquit, le cœur et le palais, bonnes, admirables.

2 1. éclatantes – 2. le palais, la demeure – 3. ses souliers – 4. ton carrosse, bolide – 5. du nectar.

3 1. Les prix seraient plus bas dans ce magasin. – 2. Cette tempête est annoncée comme probable. – 3. Fait-il vraiment beau toute l'année dans ce pays ? – 4. Il est difficile de croire ce qu'il raconte. – 5. Nous irons peut-être à cette soirée.

4 1. apparemment – 2. s'avérer – 3. infirmer.

5 1. peut-être – 2. fébrilement – 3. probablement – 4. sûrement – 5. forcément.

6 1. oui (visiblement) – 2. non (il est question) – 3. non (elle doit être) – 4. non (sans doute) – 5. oui (sans aucun doute) – 6. oui (il apparaît clairement) – 7. non (il se peut).

7 1. non (prétendent) – 2. non (dit-on) – 3. non (il paraît).

8 1. « J'accuse » : c'est un modalisateur qui permet de porter un jugement. 2. « scélérate », « la plus monstrueuse partialité », « naïve audace », « mensongers et frauduleux ». – 3. « impérissable monument » et « à moins qu'un examen médical ne les déclare atteints d'une maladie de la vue et du jugement ».

VOCABULAIRE

26 La formation des mots p. 40

1 1. as/sèche/ment (radical *sec* au féminin) – 2. bi/lingu/isme (rad. *lingu*, c'est-à-dire « langue ») – 3. dé/matérial/isation (rad. *matérial,* de « matériel ») – 4. programm/ation (rad. *programme*) – 5. interroge/able (rad. *interroger*) – 6. ré/utilis/able (rad. *utiliser*) – 7. r/em/boîte/ment (rad. *boîte*) – 8. anti/sémit/isme (rad. *sémite*).

2 1. dénomination – 2. gérance et gestion – 3. bond – 4. décoloration – 5. parution – 6. flair – 7. tension – 8. élection – 9. bouderie – 10. omission – 11. fermeture – 12. flétrissure.

3 1. graine, grainetier, grainage, granulé, égrainer, grenier – 2. croire, croyance, incroyable, incrédule, crédible, mécréant – 3. côte, côtier, côtelette, accoster, accostage, accotement – 4. vêtement, dévêtir, revêtement, veste, veston.

4 1. ininflammable – 2. indigeste – 3. indescriptible – 4. désamorcer – 5. indéracinable – 6. alourdir – 7. assainir.

5 1. Préfixe « dé- » (indique l'éloignement, la séparation) + radical « bord » + suffixe « -er » (verbe à l'infinitif). Retirer les bords des draps et des couvertures, glissés sous le matelas quand le lit est bordé. – 2. Adverbe : « doucement » / noms : « chuchotements », « mouvement », « bruissement ». – 3. Caqueter. C'est la poule qui caquette. Le dortoir est comparé à un poulailler : les garçons bavardent sans arrêt, autour de sujets futiles.

27 Homonymes/paronymes, synonymes/antonymes p. 42

1 1. a. joyeux, gai b. triste, taciturne – 2. a. dire du mal de b. encenser, louer – 3. a. extraordinaire b. inintéressante – 4. a. interdiction b. autorisation.

2 1. lame – 2. importunes – 3. conjoncture – 4. l'allocation – 5. expansions.

3 1. cambrioleur – 2. effrayé ; débandade ou fuite affolée – 3. Pour faire une erreur pareille, il fallait vraiment être idiot (bête, stupide).

28 Champ sémantique/ champ lexical p. 43

1 1. Sens figuré. Qu'as-tu fait de ta jeunesse ? – 2. Sens figuré. L'hébreu est une langue très difficile à apprendre. – 3. Sens figuré. Pour respirer, on inspire, puis on expire.

2 1. enquête policière – 2. théâtre – 3. parfum – 4. honte – 5. maladie.

3 1. Le champ lexical de la couleur : noir, verdure, bleuir, se teignent, azur mauve. – 2. On assiste à un spectacle merveilleux : le paysage se colore progressivement pour devenir un véritable tableau, une œuvre d'art.

29 Quelques figures de style p. 44

1 1. en : préposition – 2. dirait : verbe – 3. égal à : adjectif suivi d'une préposition – 4. comme : adverbe – 5. tel : adjectif – 6. plus... que : locution adverbiale – 7. comme : adverbe.

2 1. comparaison : comme – 2. comparaison : ainsi qu' – 3. métaphore : le ciel est comparé à un toit – 4. comparaison : ainsi que – 5. métaphore : le mouvement des ailes est comparé au mouvement des rames – 6. métaphore : le poète fait allusion aux feuilles des arbres qui « macèrent » dans les flaques d'eau – 7. métaphore : la jeunesse est comparée à une fleur qu'il faut cueillir ; comparaison : comme.

3 1. Elle est morte. – 2. Ce chat est maigre. – 3. Il est mort. – 4. C'est une mauvaise idée. – 5. Non seulement Théo est idiot [ou bête], mais en plus il est laid.

4 1. hyperbole – 2. anaphore – 3. hyperbole – 4. antithèse – 5. hyperbole – 6. gradation.

5 1. Une périphrase. Le poète considère l'albatros comme un oiseau majestueux, qui ne peut être surpassé (« prince des nuées »). – 2. Le poète évoque l'envergure des ailes de l'albatros, qui est parfaitement à l'aise et agile dans le ciel, mais qui se retrouve handicapé sur terre, c'est-à-dire dans le monde « vulgaire ». – 3. Il s'agit en fait de parler du poète, parfaitement à l'aise dans le monde des idées, mais en proie aux moqueries et au mépris des gens ordinaires. On peut relever une comparaison avec l'albatros (« semblable au prince des nuées ») et une métaphore (« ses ailes de géant l'empêchent de marcher »).

ORTHOGRAPHE

30 Accorder les participes passés p. 46

1 1. et 2. a. prises (avoir, le PP s'accorde avec le COD placé avant) ; effrayé (avoir, le PP ne s'accorde pas avec le COD placé après) – b. préparé (avoir, le PP ne s'accorde pas avec le COD placé après) ; faite (avoir, le PP s'accorde avec le COD placé avant) ; questionné (avoir, le PP s'accorde avec le COD placé avant) ; imaginé (avoir, le PP ne s'accorde pas avec le COD placé après).

2 1. vue – 2. vu – 3. demandé – 4. entendus – 5. entendu – 6. vus – 7. vue – 8. laissée – 9. décidé ; vues.

3 1. se sont rendus compte ; s'étaient trompés – 2. se sont arrangés – 3. se sont arrangé – 4. s'est cousus.

4 visé – jeté – passée – venue – lâché – tombée – plu – devenu – mis – venu – vu – marché – glissé – failli.

5 dépêchée ; sonné ; réveillée ; habillée ; trompée ; mis ; eu ; enfilé ; bu ; brûlée ; laissé ; cassée ; arrivée ; essoufflée.

6 Ils avaient lu – Aurélien avait vu Bérénice – il l'avait trouvée – des choses que les enfants avaient jugées un peu difficiles – des poèmes que tout le monde avait trouvés très beaux.

31 Les homophones grammaticaux ______ p.48

1 1. Quelle ; qu'elle – 2. qu'elles – 3. Quels – 4. qu'elle ; qu'elle – 5. qu'elle – 6. Quelle ; Qu'elle ; Quelle ; Quelle ; qu'elle – 7. qu'elles.

2 1. Quoiqu' – 2. quoi qu' – 3. Quoi que ; quoiqu' – 4. quoi qu' – 5. Quoi qu' – 6. Quoique – 7. Quoi que – 8. Quoique – 9. quoi que – 10. quoiqu'.

3 1. Plutôt ; plus tôt – 2. plutôt – 3. plus tôt – 4. plutôt – 5. plutôt – 6. plutôt – 7. Plutôt.

4 1. leur – 2. Leurs ; leur – 3. Leur ; leur – 4. Leurs ; leur – 5. Leur ; leur ; leur – 6. leur ; leur.

5 1. mêmes ; même – 2. Même ; même – 3. mêmes ; mêmes – 4. même ; même ; mêmes – 5. mêmes – 6. mêmes – 7. mêmes ; mêmes.

6 1. s'en ; s'en – 2. C'en – 3. s'en.

7 Ils essayèrent honnêtement de faire le travail qu'on leur demandait et qui était bien au-dessus de leurs forces depuis longtemps, puis ils crevèrent.

32 Accorder les noms composés ______ p.50

1 1. des belles-sœurs (adj. + nom) – 2. des passe-partout (verbe + adverbe) – 3. des épingles à nourrice (nom + nom complément du nom) – 4. des sans-abris (préposition + nom).

2 1. timbres-poste ; porte-monnaie – 2. cerfs-volants ; arcs-en-ciel – 3. sèche-linge ; fers à repasser – 4. gardes-malades ; goutte-à-goutte – 5. pare-feu ; sous-bois – 6. après-shampoings ; cotons-tiges ; dessous-de-plat ; épingles à linge ; brosses à dents.

3 Le temps des casse-croûte (invariable : on casse la croûte) ; quatre heures et demie (placé derrière, prend la marque du féminin).

> **Précision**
> On écrit habituellement « des allers et retours ».

33 Quelque/quelque(s), quel(s) que/quelle(s) que ______ p.51

1 1. Quelles que soient tes excuses – 2. Orthographe correcte – 3. J'ai trouvé quelques cèpes – 4. Orthographe correcte.

2 1. Cela ne prendra que quelques minutes. – 2. Aucune femme, quelque singulière qu'elle fût, ne lui fit oublier sa première fiancée. – 3. Quelle que soit ta décision, nous la respecterons. – 4. Quelque perspicace que soit le détective, il n'a pas pu résoudre cette affaire. – 5. Nous le reverrons quelque jour. – 6. Ajoute quelques pincées de sel à ton plat. – 7. Quels que soient les plats qu'on lui propose, il refuse de manger. – 8. J'ai quelques billets dans ma tirelire, je pourrai bientôt acheter quelque console. – 9. Il me reste quelques tickets de métro. – 10. Il devrait déjà être arrivé ; il aura rencontré quelque ami.

3 Quelques jeunes femmes arrivèrent un jour et s'installèrent quelque temps dans la maison au bord du lac.

34 Tout/tous/toute(s) ______ p.52

1 1. Toutes : déterminant de « poules », s'accorde au féminin pluriel. – 2. Toutes : adverbe devant un adjectif commençant par une consonne, s'accorde au féminin pluriel. – 3. Tout : déterminant, s'accorde avec « tricheur » au masculin singulier.

2 1. Tout : adverbe, ne s'accorde pas. – 2. Toutes : adverbe devant un adjectif commençant par une consonne, s'accorde au féminin pluriel.

3 1. Dans cet étang, on peut pêcher des grenouilles toutes vertes. – 2. Avez-vous toutes vos affaires ? – 3. Je n'ai pas encore lu tous les romans de cet auteur mais tous ceux que j'ai lus m'ont passionné. – 4. Toute peine mérite salaire. – 5. Nous sommes presque arrivés, les grottes sont tout près d'ici. – 6. Nous allons partir : les filles sont-elles toutes prêtes ? – 7. Les joueurs de cette équipe auraient dû être sélectionnés, mais ils ont tous été disqualifiés en raison de leur attitude ! – 8. Elle est toute belle dans sa robe blanche ! – 9. Les biches se sont enfuies ; toutes ont été effrayées par les photographes. – 10. Tous les étés, nous partons en Espagne.

4 À l'annonce de la nouvelle, mes cousins sont devenus tout rouges de confusion.

35 Les homophones verbaux ______ p.53

1 1. prévenir, ind. passé simple – 2. prévenir, subj. imparfait – 3. s'asseoir, subj. présent – 4. redire, ind. passé simple.

2 1. résonnaient – 2. croît – 3. teint – 4. sue.

3 1. savais ; finirait ; écouter – 2. trouverez ; usés ; jetés – 3. fatigué ; continuer ; discuter ; allé ; coucher – 4. affiché ; attendrai – 5. s'allumaient ; observais – 6. avais ; passé ; couché(e) ; serait ; usé.

4 1. trouvât : subj. imparfait ; avaient-ils rendue : ind. plus-que-parfait ; écouta : ind. passé simple – 2. Adjectif. À la suite de son accident, il subit plusieurs interventions chirurgicales.

BILAN

36 Pour faire le point ______ p.54

1 1. tu – 2. Ce voyage – 3. vous – 4. Souffler – 5. Que vous sachiez cela – 6. ils – 7. Il : sujet logique/de la neige fondue : sujet réel – 8. Il : sujet logique/qu'elle se soit perdue : sujet réel – 9. d'énormes nuages noirs – 10. La plupart des élèves – 11. Partir vivre à l'étranger – 12. Vous – 13. L'un et l'autre.

2 1. raisonnable – 2. notre meilleur ami – 5. de bonne humeur – 8. beaucoup plus aimable – 9. très rusée.

3 1. faits – 2. trouvé – 3. cachés – 4. confronté – 5. vaincue – 6. joué – 7. rencontré – 8. racontées – 9. pu.

4 Toutes ces affirmations sont vraies.

5 1. quelle ; qu'elles – 2. quelle ; qu'elle – 3. quel – 4. quelles ; quelle – 5. qu'elle – 6. qu'elle ; qu'elle ; qu'elle ; quel/quelle.

6 1. s'en – 2. s'en – 3. s'en – 4. sans ; sans – 5. Sens – 6. sans – 7. sent ; sans ; sens – 8. Sans ; sent – 9. s'en ; sans ; C'en – 10. s'en – 11. s'en ; sans.

7 1. Quoi que ; même – 2. leur ; est fini – 3. qu'elle ; qu'elle – 4. ne s'en rendent ; leur – 5. leur parler – 6. leurs ; s'en rendent – 7. pas d'erreur – 8. s'en est voulu – 9. pas d'erreur – 10. plutôt.

8 1. Antiphrase : le ton ironique met en valeur les verbes « désole » et « détruit ». – 2. Hyperbole : la guerre est présentée comme un massacre ; l'auteur insiste sur l'aspect sanguinaire.

BREVETS BLANCS

Sujet du Brevet n° 1 p. 56

1 La forêt prend la parole au début du poème. Deux marques caractéristiques du discours direct sont la ponctuation (les deux-points et les guillemets) et l'emploi de la première personne du singulier. On pourrait aussi citer le verbe de parole « dit », le présent, l'interjection « Ah ». Il s'agit d'une personnification.

2 **a.** C'est un présent d'habitude. – **b.** Le sujet est « on ». – **c.** Ces verbes appartiennent au champ lexical de la violence, de la persécution. On est tenté de prendre en pitié la victime de tant de violence et d'injustice.

3 **a.** Les trois formes du pronom personnel sont « moi », « me » et « je ». – **b.** « Me » est la forme la plus fréquente. Sa fonction dans le vers est COD.

4 Le locuteur est une victime, car il est l'objet de violences perpétrées par un groupe indéfini.

5 Rapport d'opposition. Vers 9 à 11.

6 Synonymes : soumission, obéissance, résignation. La forêt apparaît comme une victime consentante, objet de violences perpétrées par une puissance supérieure, d'où le titre « Docilité ».

7 Le pronom « on » peut représenter une puissance supérieure, la nature ou les bûcherons.

8 On remarque la répétition du verbe « répondre », les phrases impératives au subjonctif aux vers 15 et 16, et les modalisateurs du vers 18 (« il semble », l'emploi du conditionnel, les adverbes « bien » et « tout de même »).

9 Ce vers donne à voir une forêt qui abandonne ses habitudes et son calme : on peut alors imaginer le mouvement et le bruissement de ses feuilles sous l'action du vent et des questions qui la préoccupent.

10 La forêt se plaignit que c'était toujours elle la sacrifiée, qu'on la harcelait, qu'on la traversait, qu'on la brisait à coups de hache, qu'on lui cherchait noise, qu'on la tourmentait sans raison, qu'on lui lançait des oiseaux à la tête ou des fourmis dans les jambes, et qu'on lui gravait des noms auxquels elle ne pouvait s'attacher.

11 Le poète donne la parole à la forêt pour la présenter comme une victime passive, pour nous surprendre et nous émouvoir en animant un être inanimé. Ce poème allie évocation d'une réalité (l'exploitation sans limites des forêts par l'homme et les ressources considérables qu'elles peuvent fournir), ainsi qu'une vision personnifiée de la forêt, amie de l'homme, avec une image plus surréaliste (le vent qui fait bruisser les feuilles donne au poète l'impression que les arbres murmurent des questions). On pense bien sûr aux problèmes de destruction de l'environnement.

12 Face à ce tableau, on ressent un sentiment de solitude : aucun être vivant, peu de variété dans les couleurs, des troncs et encore des troncs... Seules quelques fleurs bleues apportent une touche de couleur et rendent encore plus saisissante l'uniformité des troncs et de leur couleur.

13 Sentiment de tranquillité, mais aussi de solitude que l'on peut ressentir à la lecture du texte et en regardant le tableau ; sentiment de mystère ; à la liste sans fin des tourments (« on me harcèle, on me traverse », etc.) répondent les troncs sans fin du tableau.

Dictée

Conseils

– Soyez attentif aux conjugaisons de l'indicatif imparfait.
– Soyez vigilant sur les accords des participes passés.
– Rappelez-vous qu'au passé simple indicatif, la première personne du pluriel (comme celle du singulier) prend un accent circonflexe.

Rédaction

Sujet d'imagination

Conseils

– Le sujet implique que vous utilisiez le discours direct.
– Vous pouvez organiser votre texte en deux parties (une partie narrative et une partie argumentative) ou reprendre la structure du texte de Supervielle.
– Pensez au ton général de votre texte : humoristique (pour faire rire), pathétique (pour émouvoir), polémique (pour critiquer une attitude).
– Réfléchissez bien au choix de l'animal ou du végétal : vérifiez que vous avez des idées aussi bien pour le récit de sa vie que pour les arguments sur le sens de l'existence.

Le chien dit : « Je suis né un jour de décembre froid et pluvieux dans un centre de la SPA. J'avais juste trois mois lorsque "papa" et "maman" sont venus me chercher. Lui m'a donné une tape sur le crâne ; elle m'a pris dans ses bras. Tout de suite j'ai su que je serais bien avec eux.
On a installé ma niche dans un coin du garage. Je n'ai rien demandé de plus.
On m'a dit de garder la maison. J'ai mordu l'homme à la casquette qui tous les matins venait sonner à la grille.
On m'a dit de faire mes besoins dans le caniveau. J'ai mis ma fierté sous mes oreilles.
On m'a dit de ne pas aboyer. J'ai regardé sagement les chats déchiqueter les poubelles.
On m'a dit d'être gentil avec les enfants. J'ai accepté qu'ils me tirent les oreilles et qu'ils m'affublent de casquettes et de tee-shirts.
J'ai toujours obéi, même quand je n'étais pas d'accord, même s'il me semblait plus naturel de faire le contraire de ce que l'on me demandait. Mais : "Qui c'est le maître ? Qui est-ce qui décide ?" Certainement pas moi, le chien, l'animal dressé par l'homme pour répondre au coup de sifflet. J'ai donc appris à ne pas réfléchir, à ne pas désirer. Par ailleurs, on me donnait à manger tous les jours, on me brossait, on me promenait le dimanche après-midi. Je faisais partie de la famille. Que demander de plus ? Un chien n'est pas un loup, il n'a pas besoin de liberté. Et puis de toute façon, j'avais trop peur de retourner d'où je venais ; alors je m'étais fait docile. On aurait pu graver sur mon collier : "Obéir pour être aimé." La résignation, voilà mon éthique, ma philosophie de la vie.
Non, vraiment, j'ai beau chercher, je ne comprends pas quelle faute j'ai commise. Alors pourquoi ? Pourquoi suis-je là, en ce 15 août, attaché à un arbre, au bord de l'autoroute du Soleil ? »

Sujet de réflexion

Conseils

La question suppose deux attitudes : une prise de position « consumériste », qui part du principe que le milieu environnemental de l'humanité est voué à évoluer et que, grâce au progrès scientifique et technique, l'homme parviendra à s'assurer des conditions de vie confortables, ou une attitude « écoresponsable », qui mesure l'impact sur la nature du développement économique et industriel, ses conséquences pour l'homme, et invite à s'interroger sur les conditions actuelles de développement.

Sans aller jusqu'à associer la nature à un jardin d'Éden perdu, ce qui serait une vision un peu naïve, on pourra évoquer par exemple les catastrophes naturelles dues aux modifications causées par l'homme.
Vous devez argumenter pour donner votre avis.
Pour chaque argument que vous donnez, construisez un paragraphe et, si possible, illustrez-le d'un exemple. Utilisez des connecteurs logiques (en particulier cause, conséquence, concession) pour appuyer votre raisonnement.
Récapitulez votre raisonnement dans la conclusion ; précisez votre position.

Sujet du Brevet n° 2 p.58

1 L'auberge dégage une atmosphère inquiétante, lugubre, sordide : elle est sale, abandonnée. La mort semble régner. Voici quelques expressions : « l'odeur du temps pourrissait là, tenace et pernicieuse », « un âtre vide et inutilisé depuis bien longtemps », « les bouteilles qui gisaient là [...] avaient depuis longtemps rendu l'âme ». Pour parler de la saleté, vous pouviez citer : « l'odeur du temps pourrissait là, tenace et pernicieuse », « les toiles d'araignées qui bouchaient la cheminée », « les bouteilles [...] poussiéreuses ».

2 L'unique trace de vie se trouve être la chandelle « allumée depuis peu ». Elle ne rassure pas le narrateur, car elle prouve qu'il y a une présence, ce qui est en contradiction avec l'atmosphère de mort, d'abandon qui règne dans l'auberge.

3 La figure de style utilisée est la personnification. Cette figure de style consiste à prêter des caractéristiques humaines à des objets, des plantes, des animaux, etc. Ici, l'auteur utilise des expressions (« gisaient », « rendu l'âme ») qui s'appliquent à l'être humain. Il y a un autre exemple dans le texte : « les années assoiffées ».

4 L'action s'enclenche avec le connecteur temporel « tout à coup ». Les informations données dans les lignes précédentes définissent le cadre spatio-temporel, installent une atmosphère inquiétante, et préparent le lecteur à accepter l'intrusion du surnaturel.

5 « On » à la ligne 4 représente l'aubergiste ou toute personne pouvant accueillir les clients. « On » à la ligne 21 représente la présence inquiétante de quelque chose ou de quelqu'un rôdant autour du narrateur. Les guillemets sont utilisés pour insister sur l'incertitude concernant l'identité de la présence.

6 Quatre noms du champ lexical de la peur : « inquiétude » (ligne 7), « crainte » (ligne 9), « anxiété » (ligne 25), « angoisse » (ligne 25). On acceptera le mot « frisson ». Ces termes ne sont pas synonymes, mais expriment une gradation, une montée de l'angoisse, de la peur.

7 L'indice grammatical révélant l'implication est « j' » et celui du dernier paragraphe est « mon », « m' » ou « ma ». Cette présence constante du narrateur permet au lecteur de s'identifier à ce dernier et de renforcer son adhésion au récit en produisant un effet de réalisme : l'histoire nous paraît plus crédible parce que quelqu'un nous la raconte. Cette crédibilité est essentielle dans le récit fantastique, qui a besoin de l'adhésion du lecteur. De plus, ce point de vue interne dans la narration accroît la tension dramatique du récit, car les impressions, les sentiments du narrateur sont décrits de l'intérieur.

8 Ces adjectifs sont formés à partir d'un radical *pit* (pitié) et d'un radical *vis* (vue), précédés chacun d'un préfixe privatif *in-* et *im-*, et suivis d'un suffixe exprimant la possibilité, *-able* ou *-ible*. Impitoyable : qui ne peut être sensible à la pitié. Invisible : qui ne peut être vu. Le narrateur se sent en danger, observé, mais il ne peut identifier la nature du danger.

9 Le narrateur a peur : d'abord « tressaillant », puis ressentant un frisson et, enfin, une sensation d'étouffement : « vive angoisse qui m'oppressa jusqu'à m'étouffer », ligne 25. Il se met alors à transpirer : « je suais », ligne 28.

10 Cette nouvelle appartient au registre fantastique. L'atmosphère créée, le climat d'angoisse, la présence d'un être invisible, des éléments étranges, inexpliqués, permettent de repérer le registre fantastique.

11 « Tout à coup un insidieux frisson nous traversa, semblable à celui ressenti dehors et qui nous avait chassés jusqu'ici. "On" se trouvait à nouveau là, tout proche ! Les murs avaient beau nous protéger de trois côtés, éclairés par le foyer craquant, nous étions visibles et vulnérables. On pouvait nous atteindre de face, en tirant de loin, à plomb. Nous nous dressâmes, les muscles prêts à une nouvelle fuite. »
Il faut accorder au masculin pluriel : « chassés » (le COD « nous » est placé avant le participe passé), « éclairés » (apposé à « nous »), « visibles et vulnérables » (attributs du sujet « nous »).
« Nous nous dressâmes » est conjugué à la 1re personne du pluriel.

Dictée

Conseil
Soyez attentif aux conjugaisons passé simple/imparfait.

Rédaction

Sujet d'imagination

Conseils
– Pensez à garder les mêmes modalités d'énonciation : 1re personne du singulier qui représente le narrateur-personnage et récit au passé avec alternance passé simple/imparfait.
– Utilisez de nombreux verbes de perception.
– Utilisez le vocabulaire des sentiments pour décrire les émotions du narrateur-personnage.
– On peut prolonger le suspense encore un peu et ne pas faire apparaître tout de suite le ou les êtres qui entourent l'auberge. Ce peut être un/des êtres effrayants ou pas du tout ! (Par exemple, des enfants qui se sont réfugiés là et qui sont aussi effrayés…)
– N'oubliez pas que, pour des raisons de vraisemblance, le narrateur-personnage doit obligatoirement avoir la vie sauve : comment pourrait-il, sinon, faire le récit de ses aventures ?

« Cet instant me parut interminable… Je n'osais plus bouger, j'étais comme paralysé par l'angoisse et je sentais mon cœur qui battait la chamade ; il me semblait que ma poitrine allait exploser !
Je crus voir une ombre bouger derrière la fenêtre, et cela me fit plonger sous la table. J'étais à bout, j'avais envie de crier : "Montrez-vous, qu'on en finisse une bonne fois pour toutes !" Mais mes mâchoires étaient comme scellées ; je ne pouvais émettre aucun son. J'entendis alors le bruit feutré d'un pas, mais ne pus rien voir ; la nuit était opaque et enveloppait tout d'un drap épais et noir… Enfin, j'entendis que quelqu'un s'avançait sur la pointe des pieds, et soudain, dans la lumière du foyer, se découpa la silhouette menue… »

Sujet de réflexion

Conseils
– Utilisez la 1re personne du singulier, interpellez les lecteurs, utilisez un vocabulaire mélioratif et, d'une façon générale, des expressions qui montrent votre engagement.
– Pensez à proposer des arguments distincts et illustrés par des exemples.

21 Distinguer les valeurs du présent

→ Corrigés p. IV

Observer et retenir

- Le présent d'**énonciation** évoque un fait qui se situe au moment où le locuteur parle. C'est le temps du discours.
Exemple *Que regardes-tu dans ce magazine ?*

- Le présent de **récit** donne au lecteur l'illusion que les évènements racontés se déroulent au moment où il lit.
Exemple *C'est à ce moment précis que j'ouvre la porte et découvre le salon sens dessus dessous.*

- Le présent de **narration**, dans un récit au passé, actualise un fait, le met en valeur.
Exemple *Le détective entendit du bruit ; se retournant, il aperçoit son client, une arme à la main.*

- Le présent **itératif** exprime une habitude, la répétition d'un fait.
Exemple *Tous les matins, j'achète le journal.*

- Le présent de **vérité générale** exprime un fait constamment valable.
Exemple *Qui veut aller loin ménage sa monture.*

- Le présent a parfois **valeur de passé** ou de **futur proche**.
Exemple *Nabil part à l'instant. Il revient dans cinq minutes.*

- Le présent s'utilise aussi pour donner un **ordre**.
Exemple *Vous quittez mon bureau tout de suite !*

S'entraîner

1 ★ Précisez la valeur du présent dans les phrases suivantes.

1. La rhubarbe est une plante qui préfère les régions humides du Nord. → .... – **2.** La séance de 20 h commence à l'instant. → .... – **3.** Comme chaque année, nous projetons d'aller camper dans les Landes. → .... – **4.** Un « tiens » vaut mieux que deux « tu l'auras ». → ....

2 ★★ Expliquez l'emploi du présent dans les énoncés au passé.

Les grimaces commencèrent. [...] Il y avait dans ce spectacle je ne sais quel vertige particulier, je ne sais quelle puissance d'enivrement et de fascination dont il serait difficile de donner une idée au lecteur de nos jours et de nos salons.

Victor HUGO, *Notre-Dame de Paris*.

....

3 ★★★ Lisez l'extrait suivant.

Jacques. – Nous en étions, je crois, à la déroute de l'armée ennemie. On se sauve, on est poursuivi, chacun pense à soi. Je reste sur le champ de bataille, enseveli sous le nombre des morts et des blessés qui fut prodigieux. Le lendemain on me jeta, avec une douzaine d'autres, sur une charrette, pour être conduit à un de nos hôpitaux.

Denis DIDEROT, *Jacques le Fataliste et son maître*.

1. Qui est le narrateur ? Justifiez l'emploi du présent « je crois ».

....

2. À quel temps principal fait-il le récit de ses aventures ?

....

3. À quel temps les verbes « sauver », « poursuivre », « penser » et « rester » sont-ils conjugués ? Quel effet le narrateur cherche-t-il à produire ?

....

Auto évaluation Très bien ☐ Bien ☐ Pas assez bien ☐

22 Employer les temps du passé

→ Corrigés p. IV

Observer et retenir

■ Le **passé composé** s'emploie surtout **à l'oral**, mais aussi **à l'écrit, dans des énoncés ancrés dans la situation d'énonciation** (lettres, journaux...). Il situe l'action dans un passé plus ou moins proche. Il exprime :
- une action achevée → *J'ai fait la vaisselle.*
- une action antérieure par rapport au présent → *Le lapin s'est sauvé, rattrapons-le !*
- une action dont les effets se prolongent dans le présent → *J'ai ouvert la fenêtre.*

■ Le **passé simple** s'emploie souvent **en alternance avec l'imparfait**.

● **Passé simple :**
- action ponctuelle, présentée comme achevée (le fait seul est pris en considération, pas sa durée) ;
- action de premier plan, qui fait progresser le récit, l'action (descriptions...).

● **Imparfait :**
- action dont la durée est indéterminée ;
- action qui se répète ;
- action d'arrière-plan, qui ne fait pas progresser le récit ou l'action.

Exemples *Alors que je me promenais au bord de la mer, j'aperçus deux phoques.*
On me dit qu'il n'était pas rare de voir ces animaux dans la baie.

■ Le **plus-que-parfait** et le **passé antérieur** s'utilisent pour rapporter :
- une action achevée → *Elle avait déjà visité tous les pays d'Asie.*
- une action antérieure → *Quand il eut englouti la moitié du poulet, il se jeta sur la tarte aux fraises.*

S'entraîner

1 ★ Précisez, sous chaque verbe à l'imparfait, s'il correspond à une description ou à une répétition dans le passé.

Je me souviens aussi de nos promenades du dimanche, en été, elle et moi, tout jeune garçon. On n'était pas

....

riches et le tour de la Corniche ne coûtait que trois sous. Ce tour, que le tramway faisait en une heure, c'était,

....

en été, nos villégiatures, nos mondanités, nos chasses à courre. [...] Arrivés à l'arrêt de La Plage, en face d'un

....

casino rongé d'humidité, on prenait place solennellement [...], on demandait timidement une bouteille de bière.

....

Albert COHEN, *Le Livre de ma mère.*

2 ★★ Classez ainsi les verbes conjugués à un mode personnel :
1. ceux qui décrivent une action de premier plan, faisant progresser le récit ;
2. ceux qui décrivent une action d'arrière-plan, ne modifiant pas le cours des évènements.

Je découvris dans l'un des angles de la pièce une échelle verticale qui menait à l'étage supérieur. Les larges barreaux de fer, dont le nombre ne devait pas dépasser la dizaine, étaient disposés à des intervalles irréguliers. Cette échelle, qui postulait l'usage de mains et de pieds, était compréhensible et j'en éprouvai un certain réconfort. J'éteignis la lumière et me tins un moment aux aguets dans l'obscurité. [...] Au bout d'un moment, je me décidai. Arrivé en haut, je tournai de nouveau d'une main craintive un commutateur. Le cauchemar qu'était l'étage inférieur s'amplifiait et se déchaînait.

Jorge Luis BORGES, *Le Livre de sable*, « There are more things ».

1. ....

....

2. ....

....

3 ★★ Conjuguez les verbes entre parenthèses en choisissant le passé simple ou l'imparfait.

En approchant de son usine, le père Sorel appela Julien de sa voix de stentor ; personne ne *(répondre)* .... Il ne vit que ses fils aînés, espèces de géants qui, armés de lourdes haches, *(équarrir)* .... les troncs de sapin, qu'ils *(aller)* .... porter à la scie. Tout occupés à suivre exactement la marque noire tracée sur la pièce de bois, chaque coup de leur hache en *(séparer)* .... des copeaux énormes. Ils n'*(entendre)* .... pas la voix de leur père. Celui-ci se *(diriger)* .... vers le hangar ; en y entrant, il *(chercher)* .... vainement Julien à la place qu'il aurait dû occuper, à côté de la scie. Il l'*(apercevoir)* .... à cinq ou six pieds plus haut, à cheval sur l'une des pièces de la toiture. Au lieu de surveiller attentivement l'action de tout le mécanisme, Julien *(lire)* ....

STENDHAL, *Le Rouge et le Noir.*

4 ★★ 1. En vous aidant des temps, délimitez le passage descriptif. Quelle atmosphère, quels sentiments Théramène s'efforce-t-il de suggérer ?

2. Expliquez l'emploi du passé composé ; pourquoi a-t-il été choisi plutôt que le passé simple ?

Théramène raconte les circonstances de la mort d'Hippolyte, chassé et condamné par son père.

Théramène

Il suivait tout pensif le chemin de Mycènes ;
Sa main sur ses chevaux laissait flotter les rênes.
Ses superbes coursiers, qu'on voyait autrefois
Pleins d'une ardeur si noble à obéir à sa voix,
L'œil morne maintenant et la tête baissée,
Semblaient se conformer à sa triste pensée.
Un effroyable cri, sorti du fond des flots,
Des airs en ce moment a troublé le repos ;
Et du sein de la terre une voix formidable
Répond en gémissant à ce cri redoutable.

RACINE, *Phèdre*, IV, 6.

....

....

....

5 ★★★ Lisez l'extrait suivant, puis relevez les verbes : pour chacun d'eux, identifiez le temps auquel il est conjugué, puis précisez la valeur de ce temps.

Et puis ils trouvèrent une bâche dans la tranchée ennemie, de bonne toile solide, et ils couvrirent les morts et ils déplièrent le manche de leurs pelles et, tous ensemble, ils comblèrent le trou, en s'activant car la canonnade, au levant comme au couchant, avait repris, elle était comme un long roulement de tambours qui les rappelait à la guerre.

Sébastien JAPRISOT, *Un long dimanche de fiançailles*, Éditions Denoël, 1991.

....

....

....

6 ★★★ Lisez l'extrait suivant.

[...] Lorsque Jacques arriva, la bride était restée à sa place, et le cheval n'y tenait plus. Un fripon s'était apparemment approché du dormeur, avait doucement coupé la bride et emmené l'animal.

Denis DIDEROT, *Jacques le Fataliste et son maître.*

1. Relevez les verbes et précisez à quel mode et à quel temps ils sont conjugués.

....

....

....

2. Justifiez ces emplois.

....

....

....

Auto évaluation — Très bien ☐ Bien ☐ Pas assez bien ☐

23 Mettre en relief

→ Corrigés p. IV

Observer et retenir

Pour mettre en relief un énoncé, c'est-à-dire insister sur l'une des informations qu'il délivre, on peut avoir recours à :

- la voix passive

Exemple *Teddy a remporté la course de moto.* → *La course de moto a été remportée* ***par Teddy****.*

- la forme impersonnelle

Exemple *Beaucoup de vélos se sont vendus cette semaine.* → *Il s'est vendu* ***beaucoup de vélos*** *cette semaine.*

- la forme emphatique

– le détachement d'un constituant :

Exemple *On trouve des girolles dans cette forêt.* → ***Dans cette forêt****, on trouve des girolles.*

– le redoublement d'un constituant de la phrase par un pronom :

Exemple *On mange des pâtes tous les jours.* → ***Des pâtes****, on en mange tous les jours.*

– un présentatif (il y a, voici, voilà, c'est, ce sont, c'est... qui, c'est... que) :

Exemple *Julie a caché tes clefs.* → *C'est* ***Julie*** *qui a caché tes clefs.*

– l'inversion du sujet :

Exemple *Des avions de chasse passent dans le ciel.* → *Dans le ciel passent* ***des avions de chasse****.*

S'entraîner

1 ★ Nommez les différents procédés de mise en relief et indiquez sur quelle information on insiste.

1. Je suis abasourdie par cette nouvelle.

....

2. Cette nouvelle, elle m'a abasourdie.

....

3. C'est moi qui ai raison.

....

2 ★★ Voici une phrase neutre. Récrivez-la pour mettre en relief l'élément en rouge, à l'aide des procédés indiqués entre parenthèses.

Exemple *Ce soir,* ***la baby-sitter*** *garde les enfants.* (tournure présentative) → *Ce soir, c'est la baby-sitter qui garde les enfants.*

Il est arrivé à l'heure **hier**. (détachement)

....

....

....

3 ★★★ Lisez l'extrait suivant.

Ce qui me fascine sur cette photo, m'émeut aux larmes, c'est la main de mon père sur ma jambe. La manière si tendre dont elle entoure mon genou, légère mais prête à parer toute chute, et ma petite main à moi abandonnée sur son cou.

Anny DUPEREY, *Le Voile noir*.

1. Par quel détail de la photographie le regard d'Anny Duperey est-il arrêté ?

....

....

2. Relevez un procédé mettant en valeur ce détail.

....

....

3. Pourquoi Anny Duperey est-elle émue « aux larmes » ? Justifiez votre réponse.

....

....

Auto évaluation Très bien ☐ Bien ☐ Pas assez bien ☐

24 Thème et propos

→ Corrigés p. V

Observer et retenir

■ Dans un texte, chaque phrase apporte une **information nouvelle**. On repère dans la phrase le thème (sujet abordé) et le propos (ce que l'on en dit, l'information apportée).

Exemple ***Cette maison*** *appartenait à mon grand-père.*
thème — propos

■ Dans un paragraphe, l'information peut progresser de trois façons différentes.

• La **progression à thème constant** reprend toujours le même thème (ici, la voiture). On utilise des reprises nominales et pronominales pour éviter les répétitions.

Exemple *Cette voiture est très rapide. Elle est aussi économique grâce à son moteur diesel. Ce bolide n'évite malheureusement pas les contraventions !*

• La **progression linéaire** fait progresser le récit en passant d'un élément à l'autre : le propos d'une phrase devient le thème de la suivante.

thème 1 → propos 1
↓thème 2 → propos 2
↓thème 3 → propos 3...

Exemple *Christian aperçut une voiture noire. Cette voiture était conduite par un homme à l'allure étrange. Celui-ci s'arrêta et lui adressa la parole.*

• Dans la **progression à thème éclaté ou dérivé**, un thème central est énoncé (ici, la voiture) ; il est ensuite décomposé (ou dérivé) en éléments qui sont chacun le thème d'une nouvelle phrase (ici, radars, phares). Cette progression est très utilisée dans les descriptions.

Exemple *Cette voiture est un trésor de technologies. Des radars à l'arrière détectent le moindre obstacle. Les phares s'allument automatiquement dès qu'il fait sombre ou qu'il pleut.*

S'entraîner

1 ★ Quel type de progression a été choisi dans chacun de ces paragraphes ?

1. Au milieu de la pièce, un immense fauteuil. Dans ce fauteuil, est assise une vieille dame. Elle caresse un gros chat blanc.

....

2. Agathe avait sept ans. Cette petite fille savait déjà parfaitement ce qu'elle voulait. Elle était capable de recommencer dix fois quelque chose jusqu'à ce qu'elle réussisse !

....

2 ★★ En utilisant les éléments suivants, rédigez un paragraphe organisé selon une progression à thème éclaté.

château – galerie – chambre du roi – escalier – cuisines.

....
....
....
....
....

3 ★★★ Rédigez un paragraphe organisé selon une progression à thème constant ; il devra décrire une ville ou un pays de votre choix.

....
....
....
....
....

Auto évaluation Très bien ☐ Bien ☐ Pas assez bien ☐

25 L'expression de la subjectivité

→ Corrigés p. V

Observer et retenir

Dans un énoncé, le locuteur dispose de nombreux moyens pour traduire ses sentiments ou son opinion.

Exemples

Nous aurons une prime de cent-cinquante euros. → Le locuteur présente les faits de façon neutre.
Nous aurions une prime de cent-cinquante euros seulement. → Le locuteur n'est pas sûr de ce qu'il avance (**aurions**) et laisse entendre que la prime n'est pas très élevée (**seulement**).

Les modalisateurs

La **modalisation** est l'**attitude** qu'adopte le locuteur **par rapport au contenu de son énoncé**. Il peut le présenter comme incertain, vrai ou faux ; il peut y adhérer un peu, beaucoup, ne pas s'impliquer, ou même le rejeter. Les modalisateurs peuvent être :
– des expressions → sans aucun doute, on ne peut nier, de toute évidence...
– des adverbes → peut-être, apparemment, absolument...
– des verbes → prétendre, sembler, admettre, douter...
– des temps et des modes → le conditionnel présente les faits comme possibles, incertains...
– des phrases interrogatives ou injonctives.

Le vocabulaire apportant une nuance d'évaluation péjorative ou méliorative

– *un bourrin* → *un cheval* (évaluation neutre) → un destrier
– *richard* → *riche* (évaluation neutre) → richissime

Les procédés stylistiques

– comparaison : *laid comme un crapaud*
– périphrase : *l'homme de ma vie*

Les connotations des mots

Ce sont les différents **sens subjectifs** que peuvent prendre les mots dans un contexte particulier. Pour les étudier, il faut donc être très attentif au **contexte d'emploi** du mot : le mot « chien » peut évoquer la fidélité, la bonté, mais aussi la lâcheté, la bassesse.

Exemple *Il l'a traité comme un chien.*

S'entraîner

1 ★ Soulignez, dans ce texte publicitaire, tous les termes mélioratifs, qui visent à donner une bonne image des pâtes Rana.

En Italie, les pâtes fraîches étaient traditionnellement faites à la maison : des œufs frais, de la farine de blé tendre, et des mains expertes pour pétrir délicatement la pâte. Puis arriva Giovanni Rana, qui conquit le cœur et le palais de toutes les bonnes ménagères italiennes avec ses tagliatelles admirables.

2 ★ Dans les phrases suivantes, remplacez les termes péjoratifs par des termes mélioratifs.

1. Romane n'aime que les couleurs criardes. →................ – **2.** Voici la cabane qu'ils se sont achetée. →................ – **3.** As-tu vu ses godasses ? →................ – **4.** Pour rien au monde, je n'oserais conduire ton tacot ! →................ – **5.** Dans ce restaurant, on ne sert que de la vinasse. →................

3 ★★ Dans ces phrases, les faits sont présentés comme certains. Récrivez-les de façon à exprimer le doute, en utilisant le modalisateur indiqué entre parenthèses.

Exemple *Je suis sûr que j'irai travailler lundi.* ➜ (verbe) *J'ignore si j'irai travailler lundi.*

1. Les prix **sont** plus bas dans ce magasin. (conditionnel)

....

....

2. Cette tempête est annoncée comme **certaine**. (adjectif)

....

....

3. **Il fait vraiment beau** toute l'année dans ce pays. (phrase interrogative)

....

....

4. Il est **facile** de croire ce qu'il raconte. (adjectif)

....

5. Nous irons **bien sûr** à cette soirée. (adverbe)

....

....

4 ★★ Un intrus s'est glissé dans ces listes de verbes ou d'adverbes : barrez-le dans chacune des trois listes.

1. absolument – à coup sûr – incontestablement – apparemment – de toute évidence – bien sûr.

2. sembler – supposer – s'avérer – supputer – conjecturer – paraître.

3. approuver – affirmer – confirmer – infirmer – certifier – soutenir.

5 ★★ Ajoutez à chaque phrase un adverbe (ou une locution adverbiale) pour exprimer l'opinion ou le sentiment indiqué entre parenthèses.

1. Il viendra (incertitude) .... – 2. J'attends les résultats du brevet (inquiétude) .... – 3. J'attends Audrey, qui a (probabilité) .... eu un empêchement. – 4. Tu obtiendras (certitude) .... de lui qu'il te prête sa voiture. – 5. Je gagnerai au loto un jour... (certitude) ....

6 ★★★ Dans chacun de ces énoncés, le locuteur présente-t-il les faits comme certains ? Soulignez les mots qui sont des indices de son sentiment.

1. Visiblement, tu ne m'écoutes pas ! ➜........... – 2. Il est question de construire un barrage à cet endroit. ➜.......... – 3. À l'heure qu'il est, elle doit être arrivée. ➜.......... – 4. Sans doute viendra-t-il. ➜.......... – 5. Sans aucun doute, il viendra. ➜.......... – 6. Il apparaît clairement que cet employé de banque détourne des fonds depuis déjà longtemps. ➜........... – 7. Il se peut qu'il pleuve. ➜............

7 ★★★ Le locuteur partage-t-il l'opinion avancée dans ces énoncés ? Soulignez le ou les termes qui traduisent sa position.

1. D'aucuns prétendent que je manque d'indulgence. 2. Les cheveux coupés les soirs de pleine lune, dit-on, poussent plus vite. – 3. Il paraît que passer sous une échelle porte malheur.

8 ★★★ Voici un extrait du fameux article que Zola écrivit pour prendre la défense du capitaine Dreyfus, injustement condamné pour trahison.

J'accuse le général de Pellieux et le commandant Ravary d'avoir fait une enquête scélérate, j'entends par là une enquête de la plus monstrueuse partialité, dont nous avons, dans le rapport du second, un impérissable monument de naïve audace.
J'accuse les trois experts en écritures, les sieurs Belhomme, Varinard et Couard, d'avoir fait des rapports mensongers et frauduleux, à moins qu'un examen médical ne les déclare atteints d'une maladie de la vue et du jugement.

Émile ZOLA, « J'accuse », *L'Aurore*, 13 janvier 1898.

Relevez :

1. Une anaphore qui montre la force de sa conviction. Quel type de verbe reconnaissez-vous ?

....

2. Des mots ou expressions péjoratifs qui caractérisent l'attitude des personnes mises en cause.

....

3. Deux marques d'ironie qui tendent à les ridiculiser.

....

Auto évaluation Très bien ☐ Bien ☐ Pas assez bien ☐

26 La formation des mots

→ Corrigés p. V

Observer et retenir

■ Dans une langue, des mots nouveaux peuvent se créer par **composition**, **dérivation** ou **emprunts à d'autres langues.**

Exemple Démocratie, machine à laver, gratte-ciel et tiroir-caisse sont des mots formés par composition.

• Créer un mot par **dérivation**, c'est **ajouter** à un radical un **suffixe** et/ou un **préfixe**.

Exemple **dé** (préfixe) pos **ition** (suffixe)

■ Les préfixes

L'ajout d'un préfixe ne change pas la classe grammaticale d'un mot, mais **change son sens**.

Exemple ménager → déménager

Préfixe	Sens	Exemple
a-	privatif	athée
co-/com-	avec	**co**équipier, **com**patriote
dé-/dis-	privatif ou négatif	**dé**raison, **dis**gracier
in-/im-/il-/ir-	privatif ou négatif	**il**légal, **im**possible
hyper-	augmentatif	**hyper**marché
hypo-	diminutif	**hypo**glycémie
pré-	avant	**pré**dire
post-	après	**post**posé
sub-/sous- (sou-)	augmentatif ou diminutif	**sub**venir, **sou**tenir
trans-	à travers	**trans**porter

■ Les suffixes

En ajoutant un suffixe, on **change la classe grammaticale** du mot, mais pas son sens.

Exemple dépister → dépistage

	Suffixe	Sens	Exemple
Suffixes nominaux	-age ; -ment ; -tion	action	clon**age** ; dévoue**ment** ; obten**tion**
	-eur ; -ateur ; -iste	agent et instrument	jou**eur** ; indic**ateur** ; jur**iste**
	-ette ; -eau	diminutifs	chauss**ette** ; louvet**eau**
	-ard ; -aille	sens péjoratif	fêt**ard** ; cochonn**aille**
Suffixes adjectivaux	-aire ; -el/-al		glaci**al**
	-eux (-ueux) ; -if		fabul**eux** ; persuas**if**
	-ique/-atique		histor**ique**
	-ible ; -able	possibilité	construct**ible** ; cur**able**
	-âtre ; -ard	péjoratif	verd**âtre** ; cri**ard**
Suffixes verbaux (désinences)	-er ; -ir		jou**er** ; part**ir**
	-ifier ; -iser		strat**ifier** ; s'éterni**ser**
Suffixe adverbial	-ment*		joli**ment** ; douce**ment**
	* *attention à l'orthographe !*		évide**mment** ; sava**mment**

■ Les familles étymologiques

Elles sont constituées de mots construits autour d'un **même radical**.

Exemple **pos**/er → dé/**pos**/er – **pos**/ition – dé/**pos**/ition – ap/**pos**/ition, etc.

Attention
Certaines familles sont construites à partir de radicaux de formes différentes : flor → floraison – floralies (formation savante)
fleur → fleurir (formation courante)

S'entraîner

1 ★ Retrouvez le radical des mots suivants et expliquez comment ils ont été formés.

1. assèchement → ....
2. bilinguisme → ....
3. dématérialisation → ....
4. programmation → ....
5. interrogeable → ....
6. réutilisable → ....
7. remboîtement → ....
8. antisémitisme → ....

2 ★★ Proposez les noms correspondant aux verbes suivants.

1. dénommer → ....
2. gérer → ....
3. bondir → ....
4. décolorer → ....
5. paraître → ....
6. flairer → ....
7. tendre → ....
8. élire → ....
9. bouder → ....
10. omettre → ....
11. fermer → ....
12. flétrir → ....

3 ★★ Cherchez des mots dérivés à partir des radicaux suivants, donnés avec leurs variantes.

1. grain/gran/gren → ....
2. croi/croy/créd/cré → ....
3. côt/cost → ....
4. vêt/vest → ....

4 ★★★ À partir des définitions suivantes, formez des adjectifs ou des verbes comportant un préfixe, un radical et un suffixe.

1. qui ne peut pas s'enflammer → ....
2. qui est difficile à digérer → ....
3. que l'on ne peut pas décrire :
→ ....
4. ôter l'amorce → ....
5. que l'on ne peut arracher de terre avec ses racines :
→ ....
6. rendre plus lourd, moins vif → ....
7. purifier, rendre sain → ....

5 ★★★ Lisez l'extrait suivant.

Son inspection habituelle terminée, M. le Directeur de l'Institution Saint-Marc quitte le dortoir. Chaque élève s'est glissé dans ses draps, comme dans un étui, en se faisant tout petit, afin de ne pas se déborder. Le maître d'étude, Violone, d'un tour de tête, s'assure que tout le monde est couché, et, se haussant sur la pointe du pied, doucement baisse le gaz. Aussitôt, entre voisins, le caquetage commence. De chevet à chevet, les chuchotements se croisent, et des lèvres en mouvement monte, par tout le dortoir, un bruissement confus […].

Jules RENARD, *Poil de carotte*.

1. Comment le verbe « déborder » est-il formé ? Que signifie-t-il ?

....

....

....

2. Relevez tous les mots en « -ment » et dites à quelle catégorie grammaticale ils appartiennent.

....

....

....

3. Donnez un verbe de la même famille que « caquetage ». Dans quel cas ce verbe s'emploie-t-il habituellement ? Quel est l'effet voulu par le narrateur ?

....

....

....

Conseil

Pour vous aider à comprendre le sens d'un mot inconnu, cherchez d'autres mots de la même famille.

Auto évaluation Très bien ☐ Bien ☐ Pas assez bien ☐

27 Homonymes/paronymes, synonymes/antonymes

→ Corrigés p. V

Observer et retenir

- Les **homonymes** sont des mots qui **se prononcent** et parfois **s'écrivent de la même manière**, mais qui **n'ont pas le même sens**. Pour les identifier, il faut tenir compte du contexte.
  Exemple *La mer est déchaînée./Ma mère est énervée.*
- Les **paronymes** sont des mots **de sens différents**, mais que l'on confond parfois à cause de **leur prononciation très proche**.
  Exemple une *tête d'oreiller*, expression fautivement employée à la place de *taie d'oreiller.*
- Les **synonymes** sont des mots **de sens voisins** et **de même classe grammaticale**.
  Exemple *le courage, la vaillance, la bravoure.*
- Les **antonymes** sont des mots **de sens opposés** et **de même classe grammaticale**.
  Exemple *le courage et la lâcheté.*

S'entraîner

1 ★ Remplacez les mots en orange : a. par un synonyme ; b. par un antonyme.

1. Lors de ta soirée d'anniversaire, j'ai trouvé ton frère vraiment très **jovial**.

a. .... / b. ....

2. Les voisins de palier aiment à **calomnier** mes amis.

a. .... / b. ....

3. L'émission spéciale sur les origines du monde était **sensationnelle** !

a. .... / b. ....

4. **Défense** de stationner.

a. .... / b. ....

2 ★★ Retrouvez le paronyme des mots en rouge pour corriger les phrases suivantes.

1. Le bateau des pêcheurs avait coulé, à cet endroit, à cause d'une **larme** →......................... de fond. – 2. Ses questions **opportunes** →..................... m'ont mis mal à l'aise. – 3. La **conjecture** →..................... économique actuelle semble favorable à la reprise des embauches. – 4. Les organismes sociaux ont prévenu que **la location** →................ familiale serait versée avec quinze jours de retard. – 5. As-tu révisé le cours sur les **extensions** →.................. du nom ?

3 ★★★ Lisez l'extrait suivant.

Alors, terrorisé par cette évocation des gendarmes, le « cabrioleur » fit un pas en arrière, la bouche ouverte, et bondit vers la porte, pour une fuite éperdue. Mais il s'arrêta sur le seuil, éclata de rire, se frotta les mains joyeusement, et s'écria : « C'est pas tout d'être voleur ; il faut être malin ! Et malin, ça veut dire Ugolin ! »

Marcel PAGNOL, *Manon des sources.*

1. Quel paronyme du mot « cabrioleur » aurait été correct ?

....

....

2. Proposez un synonyme pour « terrorisé » et pour « fuite éperdue ».

....

....

3. Employez un antonyme de « malin » dans une phrase de votre invention qui éclairera son sens.

....

....

Auto évaluation Très bien ☐ Bien ☐ Pas assez bien ☐

28 Champ sémantique/champ lexical

→ Corrigés p. V

Observer et retenir

■ Le **champ sémantique** d'un mot englobe l'ensemble des **différents sens** de ce mot. On parle alors de **polysémie**.

Exemple

- Le mot « loup » peut désigner :

– un mammifère carnivore → c'est le **sens propre** (ou sens premier) ;
– certains poissons voraces comme le bar ;
– un demi-masque que l'on utilise lors du carnaval.

- Il apparaît également dans une expression de **sens figuré** : « avoir une faim de loup ». Cela signifie « avoir très faim ».

■ Le **champ lexical** est l'ensemble des **termes** (verbes, noms, adjectifs, adverbes) **qui se rapportent à un même thème**.

Exemple « Code pénal », « juge », « juger », « juré », « avocat », « tribunal », « procès », « appliquer la loi » et « juridiquement » appartiennent au champ lexical de la **justice**.

S'entraîner

1 ★ Les mots en rouge sont-ils employés au sens propre ou au sens figuré ? Employez-les dans une phrase où ils auront un sens différent.

1. Cette grand-mère fait preuve d'une **jeunesse** d'esprit admirable. (sens ....)

....

2. Malheureusement, les sciences physiques ne sont pour moi que de **l'hébreu**. (sens ....)

....

3. Ce candidat à la mairie ne m'**inspire** pas confiance : il se contredit sans cesse. (sens ....)

....

2 ★ Déduisez le thème des champs lexicaux suivants.

1. un indice ; suivre une piste ; un interrogatoire ; les détectives ; déduire → ....

2. une scène ; la fosse ; les coulisses ; les gradins ; le rideau rouge → ....

3. odeur ; fragrance ; effluve ; embaumer

→ ....

4. baisser les yeux ; rougir ; humiliation ; regretter

→ ....

5. aspirine ; fébrile ; thermomètre ; médecin

→ ....

3 ★★★ Lisez l'extrait suivant.

Et si tu arrivais, un jour d'été, dans mon pays, au fond d'un jardin que je connais, un jardin noir de verdure et sans fleurs, si tu regardais bleuir, au lointain, une montagne ronde où les cailloux, les papillons et les chardons se teignent du même azur mauve et poussiéreux, tu m'oublierais, et tu t'assoirais là, pour n'en plus bouger jusqu'au terme de ta vie.

COLETTE, *Les Vrilles de la vigne*, 1901.

1. Quel champ lexical repérez-vous ? Relevez-en les éléments.

....

....

....

2. Quel est l'effet produit ?

....

....

....

Auto évaluation Très bien ☐ Bien ☐ Pas assez bien ☐

29 Quelques figures de style

→ Corrigés p. V

Observer et retenir

- **Alliance de mots** (ou **oxymore**) : rapprochement de mots de sens contradictoires.
→ *Cette obscure clarté qui tombe des étoiles.* (Corneille)

- **Antithèse** : rapprochement de deux idées qui s'opposent, pour les mettre en relief.
→ *Présente, je vous fuis, absente, je vous trouve.* (Racine)

- **Antiphrase** : fait de dire, par ironie, le contraire de ce que l'on pense (le ton employé aide à le deviner).
→ *C'est du joli !*

- **Gradation** : succession de termes dont le sens est de plus en plus fort.
→ *Je n'en puis plus, je me meurs, je suis mort, je suis enterré.* (Molière)

- **Hyperbole** : emploi de termes très forts, exagérés, pour frapper l'imagination.
→ *Faire les quatre-cents coups.*

- **Anaphore** : répétition d'un même mot au début de plusieurs groupes de mots, phrases ou vers.
→ *Ceux qui coupent le pain avec leur couteau*
Ceux qui passent leurs vacances dans les usines (Prévert)

- **Euphémisme** : emploi d'une expression plus douce pour atténuer une réalité brutale.
→ Dire : « Il ne va pas très bien. » pour « Il est très malade. »

- **Comparaison** : mise en évidence d'un point commun entre deux éléments exprimés, toujours à l'aide de mots annonçant la comparaison.
→ *La lune/Comme un point sur un i.* (Musset)

- **Métaphore** : comparaison sous-entendue ; il n'y a pas de terme annonçant la comparaison.
→ *Déjà la nuit en son parc amassait*
Un grand troupeau d'étoiles vagabondes (Du Bellay)

Remarque
On peut annoncer la comparaison au moyen de **verbes** (sembler), d'**adjectifs** suivis ou non de prépositions (tel, pareil), d'**adverbes** ou **locutions adverbiales** (plus... que, comme), de **prépositions** (de), ou encore de **conjonctions de subordination** introduisant une proposition subordonnée conjonctive (ainsi que, comme).

S'entraîner

1 ★ Voici des comparaisons : soulignez le ou les mots annonçant la comparaison et indiquez leur nature.

1. Son petit nez en trompette lui donne un air charmant. ....
2. Quand cette femme commence à parler, on dirait une crécelle. ....
3. Ce que j'apprécie chez toi, c'est que tu es toujours égal à toi-même. ....
4. Cet acteur est riche comme Crésus. ....
5. Le chat, tel un sphinx, restait immobile. ....
6. Sa taille est plus mince que la retraite des vieux. (P. PERRET) ....
7. Comme on fait son lit, on se couche. ....

2 ★★ Reconnaissez-vous une comparaison ou une métaphore ? Justifiez votre réponse en précisant si la comparaison est clairement exprimée (vous relèverez alors le ou les mots annonçant cette comparaison) ou si elle est sous-entendue.

1. [...] tes paupières
Qui battent comme les fleurs battent au vent dément. (APOLLINAIRE)
....

2. La bise pleurait
Ainsi qu'un basson. (VERLAINE)

....

3. Ce toit tranquille, où marchent les colombes,
Entre les pins palpite. (VALÉRY)

....

4. Sous les ifs noirs qui les abritent,
Les hiboux se tiennent rangés,
Ainsi que des dieux étrangers. (BAUDELAIRE)

....

5. Les chats-huants s'éveillent, et sans bruit
Rament l'air noir avec leurs ailes lourdes. (VERLAINE)

....

6. Tout l'automne à la fin n'est plus qu'une tisane froide. (PONGE)

....

7. Cueillez, cueillez votre jeunesse :
Comme à cette fleur, la vieillesse
Fera ternir votre beauté. (RONSARD)

....

3 ★★ Transposez ces euphémismes en langage plus direct.

1. Elle a vécu, Myrto, la jeune Tarentine. (CHÉNIER)

....

2. Ce chat n'est pas bien gros.

....

3. Il nous a quittés hier. ....

4. Ce n'est pas une très bonne idée que tu as eue là !

....

5. Non seulement Théo ne brille pas par son intelligence, mais en plus ce n'est pas un apollon !

....

....

4 ★★ Quelle figure de style reconnaissez-vous ?

1. C'est une entreprise suicidaire !

....

2. Violettes à courte tige, violettes blanches et violettes bleues, et violettes d'un blanc-bleu veiné de nacre mauve, violettes de coucou, anémiques et larges, qui haussent sur de longues tiges leurs pâles corolles inodores. Violettes de février, fleuries sous la neige [...]. (COLETTE)

....

3. Ta réaction est monstrueuse.

....

4. Ton bras est invaincu, mais non pas invincible. (CORNEILLE)

....

5. Ce n'est plus une chasse à courre, c'est un carnage !

....

6. Il est triste, malheureux, abattu à l'idée de ne plus la revoir.

....

5 ★★★ Lisez l'extrait suivant.

Le Poète est semblable au prince des nuées
Qui hante la tempête et se rit de l'archer ;
Exilé sur le sol au milieu des huées,
Ses ailes de géant l'empêchent de marcher.

Charles BAUDELAIRE, « L'Albatros », *Les Fleurs du mal.*

1. Le « prince des nuées » désigne l'albatros : comment cette figure de style s'appelle-t-elle ? Comment le poète considère-t-il cet oiseau ?

....

....

2. Quelle caractéristique propre à l'albatros est décrite dans le dernier vers ?

....

....

3. Selon Baudelaire, quel rapport le poète entretient-il avec le monde qui l'entoure ? Quelles figures de style illustrent cette vision ?

....

....

Astuce
Les figures de style ne sont pas forcément employées dans les énoncés poétiques ou relevant d'un niveau de langage soutenu ! Beaucoup d'expressions populaires, par exemple, sont imagées.

Auto évaluation — Très bien ☐ Bien ☐ Pas assez bien ☐

30 Accorder les participes passés

→ Corrigés p. V

Observer et retenir

Verbes non pronominaux

Pour savoir si l'on accorde ou pas le participe passé, on repère l'**auxiliaire**.

- Avec l'auxiliaire **être** (ou un **verbe d'état**), le participe passé **s'accorde** en genre et en nombre avec le sujet.

Exemples *Ta voiture est mal garée !/Ta voiture semble mal garée.*

- Avec l'auxiliaire **avoir**, le participe passé **ne s'accorde pas** avec le sujet. Il faut repérer le **COD** (s'il y en a un) :
  – si le COD est placé **après le participe**, celui-ci **ne s'accorde pas** avec le COD → *J'ai vu ta nouvelle voiture.*
  – si le COD est placé **avant le participe**, celui-ci **s'accorde** en genre et en nombre avec le COD → *Voici la voiture qu'il a achetée.*
- Employé **sans auxiliaire**, le participe passé **s'accorde comme un adjectif** avec le nom qu'il qualifie → *J'ai trouvé Béatrice bien énervée.*

> **Attention**
> Lorsque le **participe passé** est **suivi d'un verbe à l'infinitif**, il faut repérer le sujet pour savoir si l'accord se fait avec le participe passé.
> **Ex. :** *La maison que j'ai **vu** bâtir.* (La maison → n'est pas sujet de l'infinitif : on n'accorde pas) / *La maison que j'ai **vue** brûler.* (La maison → est sujet de l'infinitif : on accorde)

Verbes pronominaux

- Avec un **verbe essentiellement pronominal**, le participe passé **s'accorde** toujours avec le sujet.

Exemple *Elles se sont longtemps souvenues de ta visite.*

- Avec un **verbe pronominal de sens passif**, le participe passé **s'accorde** toujours avec le sujet.

Exemple *Cette statue s'est vendue à un million d'euros !*

- Avec les autres verbes pronominaux :
  – quand le **pronom réfléchi « se » est COD**, le participe passé s'accorde avec le sujet → *Pierre et Émilie **se** sont rencontrés chez moi.*
  – quand le **COD** est **différent du pronom réfléchi « se »**, le participe **s'accorde** avec le COD seulement **si ce COD est placé avant le participe** → *Ils se sont écrit de nombreuses lettres./Voici les lettres qu'ils se sont écrites.*

S'entraîner

1 ★ **1. Écrivez correctement les participes passés des verbes entre parenthèses (voir « verbes non pronominaux »).**

a. Les décisions que le général avait *(prendre)* .... avaient *(effrayer)* .... son état-major. **b.** Il avait alors *(préparer)* .... la réponse qu'il aurait *(faire)* .... si on l'avait *(questionner)* .... : il avait *(imaginer)* → .... faire mine de battre en retraite.

2. Précisez, pour chaque participe du texte ci-contre, s'il est employé avec l'auxiliaire être ou avoir, puis justifiez l'orthographe retenue.

a. ....

b. ....

....

2 ★★ Les participes passés sont suivis d'un verbe à l'infinitif : écrivez-les correctement (voir « verbes non pronominaux »).

1. Je ne sais pas où était Anne, et je ne l'ai pas *(vu)* .... prendre ton argent ! – **2.** J'ai *(vu)* .... Célia sortir et se promener dans le jardin alors qu'elle était endormie. – **3.** Les filles, je croyais vous avoir *(demandé)* .... d'aller vous coucher à 22 h ! – **4.** Les voleurs, nous ne les avons pas *(entendu)* .... entrer. – **5.** Vos mérites, je les ai *(entendu)* .... vanter par tous. – **6.** Les lapins, je les ai *(vu)* ➜......................... sortir de leur cage hier ! – **7.** La pintade, je l'ai déjà *(vu)* .... cuire avec des girolles. – **8.** Charlotte regrette qu'on ne l'ait pas *(laissé)* .... faire. – **9.** Nous avons *(décidé)* .... de revendre nos actions quand nous les avons *(vu)* .... perdre de la valeur.

3 ★★★ Écrivez les verbes entre parenthèses au temps demandé et accordez correctement les participes passés (voir « verbes pronominaux »).

1. Ils (se rendre compte, *indicatif passé composé*) .... qu'ils (se tromper, *indicatif plus-que-parfait*) .... de route. – **2.** Ils (s'arranger, *indicatif futur antérieur*) .... entre eux. – **3.** Ils (s'arranger, *indicatif passé composé*) .... une jolie petite maison. – **4.** Je ne voudrais pas porter les pantalons qu'elle (se coudre, *indicatif passé composé*) .... !

4 ★★★ Complétez les participes passés.

Eudes a vis..... Clotaire, qui s'est jet..... par terre avec les mains sur la tête ; la balle est pass..... au-dessus de lui, et bing ! elle est ven..... taper dans le dos d'Alceste qui a lâch..... sa tartine, qui est tomb..... du côté de la confiture. Alceste, ça ne lui a pas pl..... ; il est deven..... tout rouge et il s'est mi..... à pousser des cris ; alors, le Bouillon – c'est notre surveillant – il est ven..... en courant pour voir ce qui se passait ; ce qu'il n'a pas v....., c'est la tartine et il a march..... dessus, il a gliss..... et il a faill..... tomber.

Sempé/Goscinny, *Les Récrés du Petit Nicolas*, © Éditions Denoël, 1961 et nouvelle édition 2002.

5 ★★★ Mettez les verbes entre parenthèses au participe passé et accordez-les si nécessaire.

Ce matin, Clara s'est *(se dépêcher)* .... car son réveil n'a pas *(sonner)* .... et ne l'a pas *(réveiller)* .... Quand elle s'est *(s'habiller)* ...., elle s'est *(se tromper)* .... : elle a *(mettre)* .... le tee-shirt de sa sœur, trop petit pour elle, mais elle n'a pas *(avoir)* .... le temps de changer ! Ensuite, elle a *(enfiler)* .... des chaussettes de couleurs différentes. Son chocolat, qu'elle a *(boire)* .... trop chaud, l'a *(brûler)* .... et elle a (laisser) .... tomber la tasse qui s'est (se casser) .... Elle est *(arriver)* .... en courant au collège, *(essouffler)* ....

6 ★★★ Lisez l'extrait suivant et récrivez-le en utilisant le plus-que-parfait, y compris dans la citation.

Ils lurent un début de roman d'amour – « La première fois qu'Aurélien vit Bérénice, il la trouva franchement laide » –, des textes en prose – le passage du *Panorama*, des descriptions de cavaliers, des choses que les enfants jugèrent un peu difficiles à comprendre – et des poèmes que tout le monde trouva très beaux.

Jean d'ORMESSON, *Népomucène trouve un trésor*.

....

....

....

....

....

....

....

Conseil
Pensez toujours à **repérer l'auxiliaire** : être ou avoir ?

Auto évaluation Très bien ☐ Bien ☐ Pas assez bien ☐

31 Les homophones grammaticaux

→ Corrigés p. VI

Observer et retenir

Quel(les)/Qu'elle(s)

Ne confondez pas :
– *Tout ce qu'elle dit m'intéresse !* → pronom relatif élidé devant « elle ».
– *J'exige qu'elle parte !* → conjonction de subordination élidée devant « elle ».
– *Qu'elle est belle !* → adverbe exclamatif élidé devant « elle ».
– *Quel champion !* → adjectif exclamatif.
– *Quelles plages sont les plus belles ?* → adjectif interrogatif.

Quoique/Quoi que

Ne confondez pas :
– *Quoi qu'Élise fasse, ses parents l'approuvent.* → **quoi que** = quelle que soit la chose que.
– *Quoique je sois fatigué, je t'accompagne au cinéma.* → **quoique** = bien que.

Plus tôt/Plutôt

Ne confondez pas :
– *Les invités sont là plus tôt que prévu.* → **plus tôt** ≠ plus tard.
– *Ne reste pas seul, viens plutôt avec nous !* → **plutôt** = de préférence, assez.

Leur/Leur(s)

Ne confondez pas :
– *Ils ont oublié leurs valises à l'aéroport.* → **leurs** = des, les ; « leur » s'accorde en nombre, mais ne prend jamais la marque du féminin ; déterminant (plus précisément, adjectif possessif).
– Je leur dirai ce que je pense d'eux. → **« leur »** = pluriel de « lui » ; pronom personnel, ne s'accorde pas.

> **Attention**
> *Les leurs*, pronom possessif, s'accorde au pluriel quand il remplace un nom pluriel précédé d'un adjectif possessif.
> **Ex. :** *leurs idées* → *les leurs.*

Même/Même(s)

Ne confondez pas :
– *J'ai choisi les mêmes rollers que toi.*
Qu'ils le disent eux-mêmes !
Dès que j'ai de nouveaux vêtements, elle veut les mêmes !
} adjectif ou pronom, s'accorde en nombre.
– *Ses agresseurs n'ont même pas été identifiés.* → adverbe, « même » est invariable.

S'entraîner

1 ★★ Complétez les phrases suivantes à l'aide de quel(s), quelle(s) ou qu'elle(s).

1. .... scène elle m'a faite quand elle a vu .... n'était pas invitée ! – **2.** Tu sais .... ne sont pas allées à la piscine. – **3.** .... bruits étranges as-tu entendus ? Il n'y a personne ! – **4.** Où .... aille, il faut toujours .... ait son panier ! – **5.** Préfères-tu .... reste ? – **6.** .... splendeur, ce manteau ! .... le porte avec grâce ! .... fourrure est-ce ? .... question ! Il est fait de la fourrure des blaireaux .... élève ! – **7.** Dès que nos invitées seront là, ... s'installent au salon.

2 ★★ Complétez les phrases suivantes à l'aide de quoique ou quoi que.

1. .... il soit le cadet de la famille, Victor commande tout le monde ! – **2.** Le ministre a déclaré que .... il ait fait, personne ne parviendra à le mettre en défaut. – **3.** .... tu en dises, je trouve cette œuvre d'art sublime, ... un peu encombrante. – **4.** Tu finiras de peindre les volets, ... il arrive ! – **5.** .... en disent les journaux, je suis convaincu que ce cycliste ne s'est pas dopé. – **6.** .... nonagénaire, mon grand-père skie encore remarquablement. – **7.** .... tu en penses, je trouve qu'il est risqué d'emmener Sébastien faire du rafting. – **8.** .... légèrement endormi, le capitaine est parvenu à rentrer son bateau dans le chenal. – **9.** Vous êtes un mufle doublé d'un goujat, ... croie votre épouse ! – **10.** Le vampire, ... en manque de sang, ne mordit pas le chien.

3 ★★ Complétez les phrases suivantes à l'aide de plus tôt ou plutôt.

1. .... que de partir ce midi, ils ont pris la route .... – **2.** Tu ferais mieux de travailler le latin, ... que la danse du ventre ! – **3.** Fatigué, il s'est endormi .... que d'habitude. – **4.** Je préfère le silence .... que ces cris stridents ! – **5.** Il fallait mettre dans cette soupe des poireaux .... que des bananes. – **6.** Kévin s'est inscrit à l'agence matrimoniale, espérant trouver une jeune fille .... blonde. – **7.** .... que de me regarder comme ça, aide-moi !

4 ★★ Complétez les phrases suivantes à l'aide de leur ou leurs.

1. Nous .... avons fourni un alibi pour la nuit du crime. – **2.** .... parents étant absents, ils .... avaient laissé de l'argent. – **3.** .... avaient-ils conseillé de fermer .... porte de chambre ? – **4.** .... chiens n'ont pas aboyé quand les voleurs sont entrés ; on avait dû .... donner des somnifères. – **5.** Il ne faudra jamais avouer à .... grand-père que le perroquet qu'il .... avait offert .... a été volé ! – **6.** Je sais qu'il .... en voudra beaucoup, mais vu la bêtise qu'ils ont faite, c'est .... problème !

5 ★★ Complétez les phrases suivantes à l'aide de même ou mêmes.

1. Ils ont les .... goûts ; ils sont faits pour s'entendre, ... s'ils se disputent souvent. – **2.** .... sans maquillage, cette femme est ravissante ; elle est la beauté .... – **3.** Les .... causes produisent les .... effets. – **4.** Quand bien .... tu me supplierais à genoux pour savoir où j'ai acheté ces chaussures, je ne te le dirais .... pas. Je n'ai pas envie que tu aies les .... que moi – **5.** Ce sont les .... élèves qui ont remporté le concours cette année. – **6.** Goûtez ces gâteaux ; vos cousines les ont préparés elles-.............. – **7.** J'achète les .... vêtements à mes jumeaux ; ils ont les ....

6 ★★★ Complétez les phrases suivantes à l'aide de c'en, s'en, sans, sens ou sent.

1. Des voyous sont encore venus .... prendre à ma voiture ! La prochaine fois qu'ils rôderont dans les parages, ils .... souviendront. – **2.** .... est fini de toutes vos bêtises ! – **3.** Ton frère .... est tiré à bon compte.

7 ★★★ Lisez l'extrait suivant et récrivez-le en remplaçant « il » par « ils ». Faites toutes les transformations nécessaires.

Il essaya honnêtement de faire le travail qu'on lui demandait et qui était bien au-dessus de ses forces depuis longtemps, puis il creva.

Marguerite DURAS, *Un barrage contre le Pacifique*, Gallimard, 1950.

....
....
....
....
....
....
....

Auto évaluation Très bien ☐ Bien ☐ Pas assez bien ☐

32 Accorder les noms composés

→ Corrigés p. VI

Observer et retenir

■ L'accord d'un nom composé dépend de la classe grammaticale des éléments qui le composent.

- Les **adverbes** et les **verbes** sont **invariables**.

Exemples *des arrière-cuisines, des ouvre-boîtes*

- En général, les **noms** et les **adjectifs s'accordent**.

Exemples *des bateaux-mouches, les ronds-points, les sourds-muets*

■ **Restent invariables** :
– les adjectifs **nu** et **demi** lorsqu'ils sont placés devant le nom → *des demi-finales, des nu-pieds* ;
– les adjectifs en **-o** (forme abrégée) → *les accords franco-belges* ;
– les noms qui fonctionnent comme des **compléments du nom** ou qui désignent **un élément unique** → *des sacs à main, des chasse-neige.*

■ Avec les règles de la nouvelle orthographe, dans les noms composés du type *pèse-lettre* (verbe + nom) ou *sans-abri* (préposition + nom), le second élément prend la marque du pluriel seulement et toujours lorsque le mot est au pluriel.

S'entraîner

1 ★ Donnez la nature des mots qui forment les noms composés suivants et écrivez leur pluriel.

Exemple *un réveille-matin : verbe + nom unique ; des réveille-matin.*

1. une belle-sœur → ....
2. un passe-partout → ....
3. une épingle à nourrice → ....
4. un sans-abri → ....

2 ★★ Mettez au pluriel les noms composés entre parenthèses.

1. Si tu veux des *(timbre-poste)* ...., regarde dans l'un de mes *(porte-monnaie)* .... – 2. Les *(cerf-volant)* .... multicolores formaient comme des *(arc-en-ciel)* .... à l'horizon. – 3. As-tu regardé les prix des *(sèche-linge)* .... et des *(fer à repasser)* .... ? – 4. Les *(garde-malade)* .... doivent savoir installer et surveiller les *(goutte-à-goutte)* .... – 5. Avant les grandes chaleurs, les *(gardes forestiers)* installent des *(pare-feu)* .... dans les *(sous-bois)* .... – 6. Rajoute sur la liste des courses : deux *(après-shampoing)* ...., des *(coton-tige)* ...., trois *(dessous-de-plat)* ...., un paquet d'*(épingle à linge)* .... et trois *(brosse à dents)* ....

3 ★★★ Lisez l'extrait suivant et récrivez la dernière phrase en remplaçant « repas » par « casse-croûte » et en ajoutant une demi-heure à « quatre heures ».

C'est le plus grand dormeur de Lesbos et peut-être de toute la Grèce. Cinq heures de sieste, douze à treize heures de nuit. Quand on retire le temps des repas et des aller et retour à la mairie, il lui reste environ quatre heures pour administrer son village.

Michel DÉON, *Le Rendez-vous de Patmos*, La Table Ronde, 1971.

....
....
....
....

Auto évaluation Très bien ☐ Bien ☐ Pas assez bien ☐

33 Quelque/quelque(s), quel(s) que/quelle(s) que

→ Corrigés p. VI

Observer et retenir

■ **Quelque(s)** est un **déterminant indéfini**. Il exprime une quantité non chiffrée ou une identité imprécise et s'accorde avec le nom qu'il accompagne.

Exemples *Je pars à Venise quelques jours.*
Elle n'a pas donné de nouvelles depuis longtemps, mais nous la reverrons bien quelque jour !

■ **Quelque** est un **adverbe** ; il est invariable.

Exemples *Cette année, j'ai vu quelque vingt nouveaux films.* (= environ)
Quelque fatiguées qu'elles soient, elles sortiront ce soir. (= même si)

■ **Devant le verbe être** au subjonctif, **quel(les) que** s'accorde avec le nom.

Exemple *Quelles que soient tes promesses, je ne te prêterai pas ma voiture !*

S'entraîner

1 ★★ Ces phrases sont-elles écrites correctement ? En cas de réponse négative, rétablissez la bonne orthographe.

1. Quelque que soient tes excuses, elle ne te pardonnera pas.
→ ....
....

2. Quelque soixante personnes étaient venues pour son anniversaire.
→ ....
....

3. J'ai trouvé quelque cèpes dans les bois.
→ ....
....

4. Quelque musclés qu'il fussent, ils s'entraînèrent dur pour le championnat.
→ ....
....

2 ★★★ Choisissez : quelque, quelques ou quel/quels/quelle/quelles que.

1. Cela ne prendra que .... minutes. – **2.** Aucune femme, ... singulière qu'elle fût, ne lui fit oublier sa première fiancée. – **3.** .... soit ta décision, nous la respecterons. **4.** .... perspicace que soit le détective, il n'a pas pu résoudre cette affaire. – **5.** Nous le reverrons .... jour. – **6.** Ajoute .... pincées de sel à ton plat. – **7.** .... soient les plats qu'on lui propose, il refuse de manger. – **8.** J'ai .... billets dans ma tirelire, je pourrai bientôt acheter .... console. – **9.** Il me reste .... tickets de métro. – **10.** Il devrait déjà être arrivé ; il aura rencontré .... ami.

3 ★★★ Récrivez la phrase suivante en mettant « jeune femme » au pluriel.

Quelque jeune femme arriva un jour et s'installa quelque temps dans la maison au bord du lac.

....
....
....
....
....

Auto évaluation Très bien ☐ Bien ☐ Pas assez bien ☐

34 Tout/tous/toute(s)

→ Corrigés p. VI

Observer et retenir

■ Employé devant un adjectif dans le sens de « tout à fait », « complètement », **tout** est **adverbe** et **ne s'accorde pas**.

Exemples *Ils sont tout étonnés à l'annonce de votre départ.*
Elle est tout étonnée à l'annonce de votre départ.

■ Devant un **adjectif au féminin** commençant par une **consonne** ou un **h aspiré**, il **s'accorde**.

Exemple *Elle est toute pensive !*

■ **Déterminant indéfini**, tout **s'accorde en genre et en nombre** avec le nom auquel il se rapporte.

Exemple *J'ai rangé toutes mes affaires.*

■ **Pronom indéfini**, tout **s'accorde en genre et en nombre** avec le nom qu'il remplace.

Exemple *J'ai interrogé mes amies ; toutes ont promis de venir.*

S'entraîner

1 ★ Expliquez l'accord de « tout » dans ces phrases.

1. Toutes les poules se sont sauvées !

....

2. Ses sœurs étaient toutes pensives en le regardant.

....

3. Tout tricheur sera éliminé.

....

2 ★★ Ces phrases sont-elles écrites correctement ? En cas de réponse négative, rétablissez la bonne orthographe.

1. À l'annonce de cette nouvelle, elle est restée tout interdite.

....

2. Que leur est-il arrivé ? Elles sont toutes pâles.

....

3 ★★★ Complétez ces phrases avec tout, tous ou toute(s).

1. Dans cet étang, on peut pêcher des grenouilles .... vertes. – **2.** Avez-vous .... vos affaires ? – **3.** Je n'ai pas encore lu .... les romans de cet auteur mais .... ceux que j'ai lus m'ont passionné. – **4.** .... peine mérite salaire. – **5.** Nous sommes presque arrivés, les grottes sont .... près d'ici. – **6.** Nous allons partir : les filles sont-elles .... prêtes ? – **7.** Les joueurs de cette équipe auraient dû être sélectionnés, mais ils ont .... été disqualifiés en raison de leur attitude ! – **8.** Elle est .... belle dans sa robe blanche ! – **9.** Les biches se sont enfuies ; .... ont été effrayées par les photographes. – **10.** .... les étés, nous partons en Espagne.

4 ★★★ Récrivez cette phrase en remplaçant le singulier « mon cousin » par un pluriel.
À l'annonce de la nouvelle, mon cousin est devenu tout rouge de confusion.

....
....
....
....
....
....

Auto évaluation — Très bien ☐ Bien ☐ Pas assez bien ☐

35 Les homophones verbaux

→ Corrigés p. VI

Observer et retenir

■ Attention aux **confusions** liées :

● aux **conjugaisons**

– indicatif imparfait et indicatif passé simple → *je calculais/je calculai* (verbes du 1er groupe)

– indicatif présent et subjonctif présent → *je ris/que je rie*

– indicatif passé simple et subjonctif imparfait → *il vint/qu'il vînt* (verbes du 3e groupe)

– indicatif futur et conditionnel présent → *je saurai/je saurais*

● à **l'orthographe lexicale des verbes**

Exemples *Il vente sur les côtes bretonnes aujourd'hui./Il se vante d'avoir réussi à tricher. Ce poisson pue vraiment trop./Il ne put pas arriver à temps.*

● à **l'identification des formes verbales**

Exemples *proclamer/proclamé/je proclamais/je proclamai ; réussi/il réussit ; cru/il crut*

S'entraîner

1 ★ Donnez l'infinitif, le temps et le mode des formes verbales en rouge.

1. Il **prévint** ses parents de son retard.

....

2. Il demanda qu'on **prévînt** ses parents.

....

3. Que tu **t'assoies** ici ne me dérange pas.

....

4. Quand on l'interrogea, il **redit** qu'il n'avait rien vu.

....

2 ★★ Entourez le verbe qui convient.

1. Des cloches (raisonnaient/résonnaient) au loin.
2. Le taux de réussite au brevet (croît/croit)-il ?
3. Manon (teint/tint) tous ses vêtements en orange.
4. Il (sut/sue) au moindre effort physique.

3 ★★★ Complétez par la terminaison qui convient (-er, -é(s), -ai, -ais, -ait, -aient, -ez).

1. Je sav....... bien qu'il finir....... par écout....... tes conseils. – **2.** Au fond de la cour, vous trouver....... des pneus us.... que je n'ai pas encore jet........ – **3.** Trop fatigu....... pour continu....... à discut....... avec nous, il est all....... se couch........ . – **4.** Quel que soit le résultat affich......., j'attendr........ de recevoir une lettre officielle. – **5.** Des phares, à l'horizon, s'allum....... ; je les observ....... de la pointe du cap. – **6.** Si tu av....... pass....... moins de temps couch......., le canapé ser....... moins us........

4 ★★★ Lisez l'extrait suivant.

Il y avait trop longtemps qu'Adrienne entendait ces concerts pour qu'elle y trouvât d'ordinaire un plaisir bien vif. [...] Ce jour-là cependant, dès les premiers accords, elle éprouva une émotion singulière.
Sans doute les récents évènements de sa vie l'avaient-ils rendue plus sensible. Elle écouta une longue phrase qui s'élevait lentement avec une sorte de nonchalance, et passait ensuite par un effort subit à un rythme de plus en plus rapide.

Julien GREEN, *Adrienne Mesurat*.

1. Identifiez le temps et le mode des verbes soulignés dans le texte.

2. Quelle est la nature grammaticale de « subit » ? Employez un verbe homonyme dans une phrase de votre invention.

Auto évaluation Très bien ☐ Bien ☐ Pas assez bien ☐

36 Pour faire le point

→ Corrigés p. VI

S'entraîner

1 Encadrez le sujet de chaque verbe en rouge.

1. Cette promesse que tu **as faite**, il faudra la tenir. – **2.** Ce voyage me **tente** beaucoup. – **3.** Nous **accompagnerez**-vous ? – **4.** Souffler n'**est** pas jouer ! – **5.** Que vous sachiez cela me **semble** important. – **6.** Vous **ont**-ils **vus** ? – **7.** Il **tombe** de la neige fondue. – **8.** Il **est** incroyable qu'elle se soit perdue. – **9.** Au-delà des montagnes **s'amoncelaient** d'énormes nuages noirs. – **10.** La plupart des élèves n'**ont** pas **rendu** leur devoir. – **11.** Partir vivre à l'étranger **est** une aventure palpitante. – **12.** Vous nous **avez trompées** ! – **13.** L'un et l'autre **partirent** sans dire un mot.

2 Soulignez uniquement les attributs du sujet.

> **Aide**
> Attention, les verbes d'état ne sont pas toujours employés dans une construction attributive !

1. Tu deviens raisonnable en vieillissant ! – **2.** Après toutes ces années, tu es resté notre meilleur ami. – **3.** Combien de jours resterez-vous chez nous ? – **4.** Nous allons faire des crêpes puisqu'il reste des œufs. – **5.** Quoi qu'il arrive, il demeure de bonne humeur ! – **6.** L'été, Mélina demeure à Corfou. – **7.** Montre-moi tes photos de vacances. – **8.** Ta tante se montre beaucoup plus aimable depuis que nous l'avons aidée à faire son jardin. – **9.** Lors des négociations avec nos partenaires de San Francisco, elle s'est révélée très rusée. – **10.** Cette voyante promet de nous révéler notre avenir.

3 Écrivez correctement les verbes entre parenthèses au participe passé.

On dit que les contes sont **1.** *(faire)* .... pour amuser les enfants, mais des sociologues leur ont **2.** *(trouver)* .... des sens **3.** *(cacher)* .... au-delà de la simple histoire : **4.** *(confronter)* .... aux mêmes difficultés que le héros parce qu'il s'identifie à lui, l'enfant, une fois sa peur **5.** *(vaincre)* .... , réalise que rien n'est jamais **6.** *(jouer)* .... à l'avance. Quand il a **7.** *(rencontrer)* .... des obstacles, il a dû à chaque fois les surmonter. Ainsi, les histoires que l'on a **8.** *(raconter)* .... aux enfants sont des illustrations symboliques des grandes étapes qui ont **9.** *(pouvoir)* .... marquer leur vie.

4 Répondez vrai ou faux aux affirmations suivantes.

1. ***Plutôt*** ainsi écrit signifie « de préférence », « assez ». → ....

2. ***Qu'elle*** est le pronom relatif « que » élidé devant « elle ». → ....

3. ***Quel*** peut être un déterminant exclamatif. → ....

4. ***Quel*** peut être un déterminant interrogatif. → ......

5. ***Quoique*** signifie « bien que ». → ....

6. ***Leur***, forme pluriel du pronom personnel « lui », ne s'accorde pas. → ....

7. Quand il est adverbe, ***même*** ne s'accorde pas. → ....

8. ***Sent*** est la 3e personne du singulier du verbe « sentir » à l'indicatif présent. → ....

9. Dans un énoncé, les faits peuvent être présentés comme vrais, incertains, faux, en jouant sur l'emploi d'adverbes, de temps, de modes… → ....

10. Le verbe ***jeter*** prend deux ***t*** à la 1re personne du singulier du présent. → ....

11. Le **champ lexical** est l'ensemble des termes se rapportant à un même thème. → ....

12. Les **antonymes** sont des mots de sens opposés et de même classe grammaticale. → ....

13. Au passé simple de l'indicatif, il faut mettre un accent circonflexe aux 1re et 2e personnes du pluriel.

➜...........

5 Complétez les phrases suivantes à l'aide de quel(s), quelle(s) ou qu'elle(s).

1. Nous verrons bien .... tête elles feront quand elles apprendront .... doivent payer leur entrée. – 2. Éplucher des pommes de terre, ... corvée ! Je préfère .... achète des frites surgelées. – 3. Lucas a eu le courage d'affronter une souris féroce pour me défendre ; .... homme ! – 4. .... belles chaussures, mais .... taille ! – 5. J'ignorais .... chaussât du 43 ! – 6. Je n'ai pas aimé tout ce .... a dit à propos de Noémie ; il faudrait .... cesse de juger les autres et .... se remette en question. .... rabat-joie !

6 Complétez les phrases suivantes à l'aide de c'en, s'en, sans, sens ou sent.

1. Des maillots de l'équipe de France, il .... vend trois-mille chaque jour. – 2. Préviens-moi quand ils .... iront. – 3. Romain leur a répondu qu'il .... lavait les mains. – 4. Lorsqu'elle m'a dit qu'elle venait .... Julien, je suis resté .... voix. – 5. ....-tu qu'il prépare des steaks aux oignons ? – 6. Partez, ... quoi vous serez en retard ! – 7. L'ours .... le miel .... peine lorsqu'il est dans le .... du vent. – 8. .... vouloir être impoli, je trouve que ce parfum .... mauvais ! – 9. Théo a beaucoup de chance ; quand il a des accidents, il .... sort .... grave problème. .... est miraculeux étant donné la manière dont il conduit ! – 10. Nos vacances en Espagne, Maud .... souvient encore ! – 11. Il .... veut de t'avoir trahi, ... ton pardon, il ne pourra aller mieux.

7 Corrigez les fautes dans les phrases suivantes quand vous en repérez.

1. Quoique tu regardes le soir à la télévision, tu t'endors toujours avant la fin des programmes, mêmes s'ils sont passionnants !

2. Nos voisins ont fait du bruit pendant plusieurs nuits ; depuis je leurs en veux énormément. C'en ait fini de notre belle amitié !

3. Je n'imaginais pas quelle fût aussi pingre ; je l'ai compris dès qu'elle m'a dit quelle ne pouvait pas participer à l'achat du cadeau pour Lola.

4. Elle ne va pas bien du tout en ce moment, mais ses amis ne sans rendent même pas compte. Comment pourrions-nous leurs ouvrir les yeux ?

5. J'ai mis leurs affaires chez toi, je ne veux plus leurs parler !

6. Ils m'ennuient avec leur histoires et ils ne sent rendent même pas compte.

7. Élodie préfère les garçons bruns, j'ai les mêmes goûts qu'elle !

8. Mathis est rentré plus tôt que prévu, il sans est voulu : personne ne l'attendait !

9. Qu'elles s'installent dans le salon dès leur arrivée ; je les y rejoindrai.

10. Quelle horrible chemise ! Mets plus tôt ton tee-shirt jaune !

8 Quelles figures sont employées dans ces phrases pour évoquer la guerre ? En donnent-elles une image favorable ou défavorable ?

1. « C'est sans doute un très bel art que celui qui désole les campagnes, détruit les habitations. »

VOLTAIRE

....

....

2. « Quelques dizaines de milliers d'hommes gisaient morts dans les champs et les prairies. […] La terre et l'herbe étaient imbibées de sang. »

TOLSTOÏ

....

....

Auto évaluation Très bien ☐ Bien ☐ Pas assez bien ☐

Brevets blancs

Sujet du Brevet n° 1

→ Corrigés p. VII

Sujet inédit

A. Texte littéraire :

Docilité

La forêt dit : « C'est toujours moi la sacrifiée,
On me harcèle, on me traverse, on me brise à coups de hache,
On me cherche noise[1], on me tourmente sans raison,
On me lance des oiseaux à la tête ou des fourmis dans les jambes,
Et l'on me grave des noms auxquels je ne puis m'attacher.
Ah ! On ne le sait que trop que je ne puis me défendre
Comme un cheval qu'on agace ou la vache mécontente.
Et pourtant je fais toujours ce qu'on m'avait dit de faire,
On m'ordonna : "Prenez racine." Et je donnai de la racine tant que je pus,
"Faites de l'ombre." Et j'en fis autant qu'il était raisonnable,
"Cessez d'en donner l'hiver." Je perdis mes feuilles jusqu'à la dernière.
Mois par mois et jour par jour je sais bien ce que je dois faire,
Voilà longtemps qu'on n'a plus besoin de me commander.
Alors pourquoi ces bûcherons qui s'en viennent au pas cadencé ?
Que l'on me dise ce qu'on attend de moi, et je le ferai,
Qu'on me réponde par un nuage ou quelque signe dans le ciel,
Je ne suis pas une révoltée, je ne cherche querelle à personne
Mais il semble tout de même que l'on pourrait bien me répondre
Lorsque le vent qui se lève fait de moi une questionneuse. »

Jules SUPERVIELLE, *La Fable du monde*, 1938, © Éditions Gallimard.

1. Chercher noise : chercher querelle.

B.

Gustav KLIMT, *Sous-Bois*, 1903.

TRAVAIL SUR LE TEXTE LITTÉRAIRE ET L'IMAGE

(1 h 10, 50 points)

Toutes vos réponses devront être rédigées.

Sur le texte littéraire (document A)

1. Qui prend la parole en ce début de poème ? Justifiez votre réponse en citant deux marques caractéristiques du discours direct. Comment appelle-t-on cette figure de style ? *(4 points)*

2. Observez les verbes des vers 2 à 4 :
a. Quelle est la valeur du temps employé ici ?
b. Quel en est toujours le sujet ?
c. À quel champ lexical ces verbes appartiennent-ils ?
Quelle est votre impression à la lecture de ces vers ? *(4 points)*

3. Vers 1 à 5 :
a. Relevez trois formes différentes du pronom personnel qui désigne le locuteur dans ces vers.
b. Quelle est la forme la plus fréquente ? Quelle est sa fonction dans le vers ? *(5 points)*

4. En vous appuyant sur les réponses aux questions 2 et 3, expliquez en quoi le locuteur est une victime. *(4 points)*

5. Vers 8 : quel lien logique est exprimé ? Relevez les vers qui développent le propos. *(3 points)*

6. Proposez un synonyme du mot « docilité ». Justifiez le choix de ce titre. *(3 points)*

7. Vers 15 et 16 : que peut représenter le pronom « on » ? *(2 points)*

8. Vers 15 à 18 : par quels moyens grammaticaux ou lexicaux la forêt exprime-t-elle son désir d'être entendue ? *(3 points)*
9. Expliquez l'image suggérée par le dernier vers :
« Lorsque le vent qui se lève fait de moi une questionneuse. » *(2 points)*
10. Passez du discours direct au discours indirect les vers 1 à 5, en commençant par : « La forêt se plaignit que… ». *(10 points)*

Sur le texte et l'image (documents A et B)

11. Comment comprenez-vous ce poème ? Vous semble-t-il d'actualité ? *(5 points)*
12. Que ressentez-vous face à ce tableau ? Justifiez votre réponse. *(3 points)*
13. À votre avis, qu'est-ce qui peut rapprocher ou différencier le poète et le peintre ? *(2 points)*

Dictée *(20 minutes, 10 points)*

Tandis que nous sentions à peine le mouvement de l'air dans la solitude couverte et sombre, un vent orageux passait librement sur la cime des sapins ; leurs branches frémissaient d'un ton pittoresque en se courbant contre les branches qui les heurtaient. Quelquefois les hautes tiges se séparaient dans leur balancement, et l'on voyait alors leurs têtes pyramidales éclairées de toute la lumière du jour et brûlées de ses feux, au-dessus des ombres de cette terre silencieuse où s'abreuvaient leurs racines.

Quand nos corbeilles furent remplies, nous quittâmes le bois, les uns gais, les autres contents. Nous allâmes par des sentiers étroits, à travers des prés fermés de haies, le long desquelles sont plantés des merisiers[1] élevés et de grands poiriers sauvages.

SENANCOUR, *Oberman*, 1804.

1. L'orthographe de « merisiers » sera indiquée aux candidats.

Rédaction *(1 h 30, 40 points)*

Vous traiterez au choix le sujet d'imagination ou le sujet de réflexion.

Sujet d'imagination : Sans reprendre le thème de la forêt, faites parler un animal ou un végétal qui s'interroge sur le sens de son existence.
Votre texte comprendra des éléments narratifs et argumentatifs. Il pourra être, au choix, humoristique, pathétique, polémique…

Votre texte fera au moins deux pages.

Sujet de réflexion : Pensez-vous qu'il faille limiter le développement industriel et économique pour préserver la nature ?

Votre texte fera au moins deux pages.

Sujet du Brevet n° 2

→ Corrigés p. VIII

Sujet inédit

Texte littéraire :

Les Cévennes, automne 1828. Le narrateur, un officier, est surpris par la nuit et l'orage. Une menace étrange fait s'enfuir sa jument, et lui-même se précipite vers le premier refuge venu...

C'était une auberge. J'entrai. Personne ne s'y trouvait. Seule l'odeur du temps pourrissait là, tenace et pernicieuse.

J'appelai et tapai du poing sur une table bancale qui faillit s'effondrer sous mes coups. L'aubergiste devait être au cellier ou dans une des chambres de l'étage. Mais, malgré mon tapage, on ne se montra pas. J'étais seul, tressaillant d'attente, devant un âtre vide et inutilisé depuis bien longtemps, à en juger par les toiles d'araignées qui bouchaient la cheminée. Quant à la longue chandelle, allumée depuis peu, et soudée à une étagère, sa présence, au lieu de me rassurer, me remplit plus d'inquiétude que si je n'avais trouvé en cet endroit que la nuit et l'abandon.

Je cherchai un flacon d'eau-de-vie afin de me réconforter et chasser la crainte qui me retenait d'aller visiter les autres pièces de cette étrange auberge. Mais les bouteilles qui gisaient là, poussiéreuses, avaient depuis longtemps rendu l'âme. Toutes, de formes anciennes, étaient vides, les années assoiffées ayant effacé jusqu'aux traces des boissons qu'elles avaient contenues.

Tout était si singulier qu'attentif au moindre bruit, je me questionnai sur l'étrangeté des lieux. Du bois sec traînait. Je le rassemblai dans le foyer, sur un lit d'herbes sèches trouvées sans peine, et, frottant mon briquet épargné par la pluie, j'en tirai des flammes rassurantes.

Rencogné près de la cheminée, je me tendis à la chaleur, bien décidé à brûler le mobilier pour garder jusqu'à l'aube cette réconfortante compagnie. Les bouffées de résine me furent aussi revigorantes que des goulées d'alcool pur, mais, pensant à la perte de ma jument, je fus pris de tristesse, ne comptant plus que sur son instinct de bête pour qu'elle me revînt.

Tout à coup un insidieux frisson me traversa, semblable à celui ressenti dehors et qui m'avait chassé jusqu'ici. « On » se trouvait à nouveau là, tout proche !

Les murs avaient beau me protéger de trois côtés, éclairé par le foyer craquant, j'étais visible et vulnérable. On pouvait m'atteindre de face, en tirant de loin, à plomb. Je me dressai, les muscles prêts à une nouvelle fuite.

Mais mon anxiété fit place à une vive angoisse qui m'oppressa jusqu'à m'étouffer. Maintenant « on » entourait l'auberge et, impitoyables dans leurs mystérieux desseins, d'invisibles regards, que je percevais, me fixaient par la fenêtre sans volets. « On » était attentif à ma personne et cela avec une telle violence que je suais, subitement terrifié.

Claude SEIGNOLLE, *L'Auberge du Larzac*, éd. Phébus Libretto, 1967.

TRAVAIL SUR LE TEXTE LITTÉRAIRE *(1 h 10, 50 points)*

Toutes vos réponses doivent être rédigées.

1. Relevez, de la ligne 1 à la ligne 12, au moins trois expressions qui caractérisent l'atmosphère de l'auberge. Quelle impression en retirez-vous ? *(5 points)*
2. Quelle est l'unique trace de vie présente dans l'auberge ? Cette trace apporte-t-elle du réconfort au narrateur ? Pourquoi ? *(3 points)*
3. « Mais les bouteilles qui gisaient là, poussiéreuses, avaient depuis longtemps rendu l'âme » (l. 10-11). Quelle est la figure de style employée ici ? Trouvez un autre exemple dans le même paragraphe. Quel effet cette figure de style produit-elle ? *(6 points)*
4. Par quel connecteur temporel l'action s'enclenche-t-elle ? Quel intérêt les informations données par le narrateur jusqu'à ce moment du texte présentent-elles ? *(3 points)*
5. « On ne se montra pas » (l. 4) – « "On" se trouvait à nouveau là, tout proche » (l. 21). Qui le pronom « on » représente-t-il à la ligne 4 ? à la ligne 21 ? Pourquoi le narrateur met-il ce mot entre guillemets à la ligne 21 ? *(4 points)*

6. Relevez dans le texte quatre noms appartenant au champ lexical de la peur. Ces mots sont-ils parfaitement synonymes ? Quel effet l'auteur a-t-il voulu produire en les employant dans l'ordre où ils apparaissent ? *(6 points)*
7. Relevez dans le premier paragraphe un indice grammatical révélant l'implication du narrateur dans le récit, puis un deuxième indice, différent, dans le dernier paragraphe. Quel effet cette présence constante du narrateur a-t-elle sur le lecteur ? *(4 points)*
8. « Impitoyables » (l. 26), « invisibles » (l. 26). Comment ces adjectifs sont-ils formés ? Quel est leur sens ? Qu'en déduisez-vous sur la situation du narrateur ? *(3 points)*
9. Quels sont les effets physiques de la peur sur le personnage ? Appuyez votre réponse sur des citations du texte. *(3 points)*
10. À quel registre littéraire cet extrait appartient-il ? Qu'est-ce qui vous permet de le dire ? *(3 points)*
11. Récrivez ce passage en imaginant que le narrateur est accompagné d'un ami et en opérant les transformations nécessaires. *(10 points)*

« Tout à coup un insidieux frisson me traversa, semblable à celui ressenti dehors et qui m'avait chassé jusqu'ici. "On" se trouvait à nouveau là, tout proche !

Les murs avaient beau me protéger de trois côtés, éclairé par le foyer craquant, j'étais visible et vulnérable. On pouvait m'atteindre de face, en tirant de loin, à plomb. Je me dressai, les muscles prêts à une nouvelle fuite. »

Dictée *(20 minutes, 10 points)*

Le bois s'épaissit, l'obscurité devint profonde. Des bouffées de vent chaud passaient, pleines de senteurs amollissantes. Il enfonçait dans des tas de feuilles mortes, et il s'appuya contre un chêne pour haleter un peu.

Tout à coup, derrière son dos, bondit une masse plus noire, un sanglier. Julien n'eut pas le temps de saisir son arc, et il s'en affligea comme d'un malheur.

Puis, étant sorti du bois, il aperçut un loup qui filait le long d'une haie. Julien lui envoya une flèche. Le loup s'arrêta, tourna la tête pour le voir et reprit sa course. Il trottait en gardant toujours la même distance, s'arrêtait de temps à autre, et, sitôt qu'il était visé, recommençait à fuir.

Gustave FLAUBERT, *Trois Contes*, « La Légende de saint Julien l'Hospitalier ».

Rédaction *(1 h 30, 40 points)*

Vous traiterez au choix le sujet d'imagination ou le sujet de réflexion.

Sujet d'imagination : Imaginez la suite du récit.

Votre texte fera au moins deux pages.

Sujet de réflexion : L'étude de ce texte vous fait réagir. Vous écrivez un article pour la rubrique *Coup de cœur/Coup de griffe* du journal de votre collège. Après avoir brièvement résumé le sujet et qualifié l'ambiance de cette histoire, vous dites pourquoi vous aimez (*Coup de cœur*) – ou pourquoi vous rejetez (*Coup de griffe*) – ce genre de récit.
Vous illustrerez vos arguments par des exemples tirés de votre culture personnelle (lecture, cinéma, théâtre...).

Votre texte fera au moins deux pages.

Tableau des modes et des temps (verbes du 1er groupe)

	Indicatif	**Subjonctif**	**Impératif**	**Infinitif**	**Participe**	**Gérondif**
Présent	En ce moment, je chante.	Il faut que je chante.	Je te l'ordonne : « Chante ! »	Il faut chanter.	chantant	en chantant
Imparfait	Tous les jours, l'an dernier, je chantais.	Il eût fallu que je chantasse.				
Passé simple	Un jour, l'an dernier, je chantai.					
Futur simple	Demain, je chanterai.					
Passé composé	Hier, j'ai chanté.	Je ne crois pas qu'hier j'aie chanté.		après avoir chanté (*auxiliaire à l'infinitif présent*)	ayant chanté (*auxiliaire au participe passé*) ou chanté	en ayant chanté (*auxiliaire au participe passé)*
Plus-que-parfait	Tous les jours, l'an dernier, j'étais content après que j'avais chanté.	Je ne croyais pas qu'autrefois j'eusse chanté.				
Passé antérieur	Un jour, je fus content après que j'eus chanté.					
Futur antérieur	Demain, je serai content après que j'aurai chanté.					
Conditionnel présent	Si tu m'accompagnais à la guitare, je chanterais.					
Conditionnel passé	Si j'avais été sélectionné, j'aurais chanté dans cette émission.					

Les principales fonctions

Fonction	Exemple	Remarques
Sujet	**Le chat** s'est sauvé !	Le sujet est en général devant le verbe, mais il peut être inversé : *Le chat s'est-il sauvé ?*
Épithète	J'ai un chat **magnifique** !	L'épithète est placé avant ou après le nom (pas de ponctuation).
Attribut du sujet	Ce chat est **magnifique**. Vous semblez **très occupés.**	L'attribut est placée après un verbe d'état : *être*, *paraître*, *sembler*, *rester*, etc. Il donne une information sur le sujet.
Apposition	**Vexée**, elle est partie.	L'apposition est séparée du nom ou du pronom par une virgule ou deux points.
Complément du nom	C'est un chat **de race**. Raconte-nous la suite **de l'histoire** !	Le complément du nom est en général lié au nom ou au GN par une préposition. Il ne s'accorde pas avec le nom ou le GN qu'il suit.
Complément de l'adjectif	Tu es digne **d'éloges**. Je suis sûre **qu'elle sera en retard**...	Le complément de l'adjectif détermine l'adjectif et ne peut pas être supprimé sans modifier le sens de la phrase. Il peut être GN, pronom, verbe à l'infinitif, proposition subordonnée.
Complément du verbe (COD)	J'aime **les chats**. Désolée, je **vous** ai oublié !	Le COD se trouve le plus souvent après le verbe, sauf lorsqu'il s'agit des pronoms *me*, *te*, *se*, *la*, *le*, *les*, *l'*, *nous*, *vous*, *que*.
Attribut du COD	Je trouve ce gâteau **délicieux**.	L'attribut du COD est mis en relation avec le COD par un verbe transitif. Il donne une information sur le COD.
Complément du verbe (COI)	Il se moque de **moi**... Je m'**en** moque !	Le COI se trouve le plus souvent après le verbe, sauf lorsqu'il s'agit des pronoms *lui*, *leur*, *nous*, *vous*. Il est introduit par une préposition (sauf certains pronoms).
Complément d'agent	Il est aimé de **tous**. Il est admiré par **tous**.	Le complément d'agent se trouve dans la phrase à la voix passive. Il est introduit par les prépositions *par* et *de*.
Apostrophe	**Hélène**, range ta chambre !	On interpelle.
Compléments de phrase : • **Complément circonstanciel de temps**	**La semaine prochaine**, j'aurai mon scooter.	Le complément circonstanciel est déplaçable et, le plus souvent, supprimable. Il se construit avec ou sans préposition. Il indique les circonstances de l'action : ici, il indique le temps et répond à la question « quand ? ».
• **Complément circonstanciel de lieu**	J'ai acheté mon scooter **dans ce magasin**.	Le complément circonstanciel de lieu indique l'endroit où se déroule l'action. Il répond à la question « où ? ».
• **Complément circonstanciel de manière**	Je l'attends **avec impatience**.	Le complément circonstanciel de manière indique de quelle manière se déroule l'action. Il répond à la question « comment ? ».
• **Complément circonstanciel de moyen**	J'ai acheté ce scooter **avec mes économies**.	Le complément circonstanciel de moyen indique le moyen à l'aide duquel l'action s'accomplit. Il répond à la question « au moyen de quoi ? »/« à l'aide de quoi ? ».
• **Complément circonstanciel de cause**	**Par tes bêtises**, tu nous as fait punir ! Il est aphone **à cause d'une angine**.	Le complément circonstanciel de cause indique la raison de l'action et répond à la question « pourquoi ? ».
• **Complément circonstanciel de conséquence**	Il est bête **à manger du foin**. Il est si étourdi **qu'il s'est trompé de maison** !	Le complément circonstanciel de conséquence indique l'effet provoqué par l'action. On le trouve très souvent dans les phrases complexes.
• **Complément circonstanciel de comparaison**	Il est malin **comme un singe**. Il passa devant nous **comme s'il ne nous avait pas vus**.	Le complément circonstanciel de comparaison souligne une ressemblance ou une différence ; il est introduit par une préposition (ou locution prépositive) dans les phrases simples, par une conjonction de subordination dans les phrases complexes.
• **Complément circonstanciel d'opposition**	Il se baigne **malgré l'eau froide**. Il se baigne **bien que l'eau soit froide**.	Le complément circonstanciel d'opposition exprime une contradiction entre deux faits. Dans la phrase simple, c'est un groupe prépositionnel ; dans la phrase complexe, une proposition subordonnée conjonctive ou participiale.

Méthodologie et vocabulaire pour expliquer un texte

Le récit

Auteur, narrateur ou personnage ?

Attention à ne pas confondre l'**auteur** (la personne réelle qui écrit un texte), le **narrateur** (la personne fictive qui raconte l'histoire et qui n'existe pas en dehors du récit) et le **personnage** (un être fictif qui fait partie de l'histoire).

Schéma narratif, intrigue, cadre spatio-temporel et chronologie

- Si vous étudiez une histoire dans son intégralité, repérez le **schéma narratif** (trame du récit qui part d'une situation initiale pour arriver à une situation finale) et l'**intrigue** (succession des évènements).
- Identifiez le **cadre spatio-temporel** : le lieu et le moment de l'action.
- Observez la **chronologie** : comment s'organisent les retours en arrière et les anticipations.

Focalisation, point de vue

Repérez la **focalisation** (**point de vue** adopté par le narrateur dans la conduite de son récit).

- Le **point de vue omniscient** : le narrateur sait tout et fournit au lecteur toutes les informations utiles à la compréhension de l'intrigue.
- Le **point de vue interne** : le narrateur livre les informations et les descriptions selon le point de vue d'un personnage et en fonction de la connaissance des faits qu'a ce dernier.
- Le **point de vue externe** : le narrateur raconte les évènements et organise les descriptions d'après ce que l'on perçoit de l'extérieur ; il ne décrit pas les pensées des personnages. Le récit se limite à ce que pourrait filmer une caméra.

Temps de l'histoire et temps de l'énonciation

Distinguez le **temps de l'histoire** et le **temps de l'énonciation**.

- La **scène** : les actions et les paroles des personnages sont rapportés comme en temps réel.
- Le **sommaire** : des faits sont résumés.
- L'**ellipse** : des faits sont passés sous silence.
- La **pause** : le temps de narration est plus long que la durée réelle de l'évènement raconté (présence de descriptions).

Le texte théâtral

Les grands genres

- La **comédie** : elle a pour but de divertir en instruisant. Le dénouement est heureux. Les personnages sont issus de la vie quotidienne.
- La **tragédie** : elle se conclut par la mort ou la défaite d'un ou plusieurs personnages qui sont soumis à des forces supérieures : ils ne peuvent échapper à la fatalité. Dans la tragédie classique, ce sont des personnages historiques, mythologiques ou d'origine noble.
- Le **drame** : l'action est douloureuse ou violente, comme dans la tragédie, mais s'y mêlent aussi des éléments comiques et réalistes.
- La **farce** : apparue au Moyen Âge, elle redevient populaire au XXe siècle. Elle met en scène des types collectifs de l'humanité en utilisant la caricature et parfois l'obscénité.

La composition de la pièce

- Les **actes** : ce sont des suites ou ensembles de scènes ayant une unité et pouvant recevoir un titre. Chaque acte contient une partie de l'action.
- Les **scènes** : ce sont des divisions de l'acte, délimitées par l'entrée ou la sortie d'un ou plusieurs personnages.

Les différentes prises de parole

- La **tirade** est une longue réplique, soutenue par une forte structure rhétorique. Elle révèle la psychologie du personnage.
- La **stichomythie** : les personnages se répondent du tac au tac par des répliques brèves.
- Le **monologue** est une tirade dans laquelle un personnage exprime ses pensées à voix haute. Il s'adresse en réalité aux spectateurs.
- La **double énonciation** correspond, au théâtre, à une énonciation s'adressant à deux destinataires : le personnage s'adresse à un autre personnage ou parle seul (monologue) mais en réalité, il s'adresse dans le même temps au public.

- L'**aparté** : ce sont des paroles prononcées par un personnage et adressées directement au public, sans que ses interlocuteurs ne l'entendent.

Les didascalies

- Ce sont des **indications** de l'auteur au metteur en scène et aux comédiens sur le lieu et l'époque de l'action, sur le nom des personnages et le moment de leurs prises de parole, sur les gestes et les intonations.
- Les didascalies sont signalées par des **parenthèses** ou par de l'**italique** et ne sont pas prononcées par les personnages.

Le texte poétique

Poésie engagée ou registre lyrique ?

- La **poésie engagée** : le poète veut avant tout exposer et défendre son opinion ; il s'agit de textes argumentatifs.
- Le **registre lyrique** : le poète exprime de façon passionnée ses sentiments intimes, ses émotions. On repère fréquemment des marques de la première personne.

Formes poétiques, strophes, vers libres

- Les **formes poétiques** : on peut notamment citer le **rondeau** (15 vers répartis sur 3 strophes), la **ballade** (3 strophes ou couplets de même longueur comportant un refrain), le **sonnet** (14 vers répartis en 2 quatrains et 2 tercets).
- Les **strophes** : les **distiques** ont 2 vers, les **tercets** 3, les **quatrains** 4, les **dizains** 10, etc.
- Les **types de vers** : les **octosyllabes** ont 8 pieds, les **alexandrins** 12, etc.
- Les **vers libres** : ils n'obéissent pas à une structure régulière, ne sont pas assemblés sous forme de strophes, ne comportent pas de rimes, mais ils proposent un rythme et des sons évocateurs, ainsi que l'emploi de nombreuses images.

Musicalité

- La **rime** est le retour d'un son en fin de vers. On distingue les **rimes plates ou suivies** (AABB), les **rimes embrassées** (ABBA), les **rimes croisées** (ABAB).
- L'**assonance** est la répétition d'un même son voyelle dans un vers.
- L'**allitération** est la répétition d'un même son consonne.

Vocabulaire

- Tentez d'interpréter les images, en particulier les **comparaisons** et les **métaphores**, souvent nombreuses dans les textes poétiques.
- Explorez les **champs sémantiques**, les **champs lexicaux**.

Le texte argumentatif

Thèse, arguments, exemples

Commencez par repérer la **thèse** (l'idée défendue) et les **arguments** employés pour prouver son bien-fondé. Ces textes sont en général étayés à l'aide d'**exemples**, qui illustrent concrètement les arguments.

Marques de la présence du locuteur

- Les **pronoms** et les **déterminants** renvoyant à la **1re personne**.
- Les **types de phrases** (interrogative, exclamative, déclarative, injonctive).
- Les **modalisateurs** (*je pense que*, *je crois*, *je doute*, *il est certain que*, etc.).
- Les **champs lexicaux** pour ménager des effets.
- L'emploi d'un **vocabulaire mélioratif** ou **péjoratif**.
- Les **connotations** des mots.

Organisation syntaxique

- Repérez les **propositions subordonnées circonstancielles**.
- Repérez les **connecteurs logiques**.

Figures de style

Pensez à étudier les **figures de style** (antiphrases, hyperboles, etc.).

Convaincre ou persuader ?

Demandez-vous si l'enjeu est de **convaincre** (en utilisant un raisonnement logique) ou de **persuader** (en cherchant à émouvoir, à impressionner le lecteur ou l'auditeur).